SCM

Stiftung Christliche Medien

SCM ist ein Imprint der SCM Verlagsgruppe, die zur Stiftung Christliche Medien gehört, einer gemeinnützigen Stiftung, die sich für die Förderung und Verbreitung christlicher Bücher, Zeitschriften, Filme und Musik einsetzt.

Max-Eyth-Straße 41 · 71088 Holzgerlingen
Internet: www.scm-verlag.de; E-Mail: info@scm-verlag.de

Gesamtgestaltung: Dorothé Straßburger, Krefeld

Bildnachweis: Fam. Piehler (S. 16, 28, 51, 71), Fam. Rhein (S. 20, 24, 25, 46), Fam. Biernat (S. 23), Bettina Wendland (S. 29, 38, 43, 80, 83), Fam. Wendel (S. 42, 64), Fam. Cramer (S. 53), Fam. Spohn (S. 55), Fam. Mann (S. 60, 84, 88), Fam. Lachmann (72), Edalin_GettyImages, juliedeshaies_GettyImages, Louno_M_GettyImages, Rebecca_Skilling_GettyImages, Neyro_fotolia, Karupa_fotolia, artdealer_fotolia, atlantisfoto_fotolia, julli_fotolia, Pressmaster_shutterstock, marilyn barbone_shutterstock, KerdKanno_shutterstock, Anna Hoychuk_shutterstock, Brent Hofacker_shutterstock, Sergey Molchenko_shutterstock, Life morning_shutterstock, Handatko_shutterstock, stockcreations_shutterstock, svariophoto_shutterstock, AS Food studio_shutterstock, StockphotoVideo_shutterstock, Alp Aksoy_shutterstock, TwilightArtPictures_shutterstock, Olha Afanasieva_shutterstock, Robyn Mackenzie_shutterstock, spline_x_shutterstock, Kilian Oksana_shutterstock, Stephanie Frey_shutterstock, Buntoon Rodseng_shutterstock

Druck und Bindung: Finidr s.r.o.
Gedruckt in Tschechien

ISBN 978-3-7893-9838-4
Bestell-Nr. 629.838

BETTINA WENDLAND (HRSG.)

DAS NEUE VEGETARISCHE FAMILY KOCHBUCH

SCM

DAS NEUE VEGETARISCHE FAMILY KOCHBUCH

Die Mengenangaben der Rezepte orientieren sich an einer vierköpfigen Familie.

VEGETARISCHE VIELFALT!

Als ich vor etwa fünf Jahren Rezepte für das erste vegetarische Family-Kochbuch gesucht und zusammengestellt habe, wollten wir als Familie einfach weniger Fleisch essen. Tatsächlich haben wir in der Folgezeit immer mal wieder eine „fleischlose Woche" eingelegt.

Inzwischen ist meine Tochter seit einem reichlichen Jahr Vegetarierin, und so bin ich nun erst recht immer wieder auf der Suche nach leckeren vegetarischen Rezepten, die auch dem Rest der Familie schmecken.

Auch für dieses neue Kochbuch haben wieder Familien ihre erprobten Rezepte beigesteuert, und ich bin begeistert von der Vielfalt der Gerichte. Ich habe zum ersten Mal Steckrüben probiert (lecker!) und koche inzwischen viel und gern mit Linsen und roter Bete. Und ich bin ein großer Fan von Bratlingen und Puffern geworden, die ich oft als Fleischalternative auf den Tisch bringe und in denen man gut Reste verarbeiten kann.

Zu vielen Rezepten haben die Familien noch Variations- und Kombinationsmöglichkeiten angegeben, die dazu einladen, die Rezepte nicht nur nachzukochen, sondern auch selbst ein bisschen zu experimentieren.

Viel Spaß beim Kochen und guten Appetit!

Bettina Wendland

GESUNDE ERNÄHRUNG OHNE FLEISCH

Vegetarier ernähren sich häufig gesünder als Menschen, die regelmäßig Fleisch essen. Sie nehmen in der Regel mehr Ballaststoffe und gesundheitsfördernde sekundäre Pflanzenstoffe zu sich. Das senkt das Risiko für die typischen Zivilisationskrankheiten wie Bluthochdruck, Diabetes und Herz-Kreislauf-Erkrankungen. Allerdings müssen auch Vegetarier und besonders Veganer darauf achten, dass sie auch die Nährstoffe in ausreichender Menge zu sich nehmen, die vor allem in tierischen Produkten enthalten sind:

EIWEISS

Vegetarisch zu essen, bedeutet nicht, einfach das Fleisch wegzulassen. Das kann nämlich dazu führen, dass man zu wenig Eiweiß zu sich nimmt. Gute Eiweißlieferanten sind Milch, Eier und Käse, die bei Veganern allerdings auch wegfallen. Hochwertiges pflanzliches Eiweiß liefern Sojabohnen und daraus hergestellte Produkte wie Tofu oder Sojagranulat. Aber auch Hülsenfrüchte, Nüsse und Getreide enthalten viel Eiweiß.

EISEN

Fleisch und Eier sind ein wichtiger Eisenlieferant. Auch pflanzliche Lebensmittel enthalten Eisen, allerdings ist pflanzliches Eisen vom menschlichen Körper nicht so gut verwertbar wie tierisches. Verbessert wird die Aufnahme von pflanzlichem Eisen, wenn man es mit Vitamin C kombiniert. Also wenn man etwa eine Orange ins Müsli schneidet oder rohe Paprika zum Brot isst.

Pflanzliche Eisen-Lieferanten:

> Grünes Gemüse
> Schwarzwurzeln
> Vollkorngetreide
> Hülsenfrüchte
> Nüsse
> Pilze

Vitamin-C-Lieferanten:

> Zitrusfrüchte
> Beeren
> Kiwi
> Paprika
> Kohl

JOD

Die beste Quelle für Jod ist Fisch. Wer keinen Fisch isst, sollte jodiertes Salz verwenden. Ein guter Jod-Lieferant sind auch Meeresalgen.

ZINK

Zink aus tierischen Produkten ist besser verwertbar als aus pflanzlichen. Zink-Lieferanten sind Vollkorngetreide, Hülsenfrüchte, Nüsse, Sonnenblumen- oder Kürbiskerne.

KALZIUM

Kalzium wird vor allem durch Milch und Milchprodukte aufgenommen. Wer sich vegan ernährt, sollte deshalb auf andere Kalziumquellen achten: dunkelgrünes Gemüse (Grünkohl, Brokkoli, Spinat ...), Nüsse (v.a. Mandeln), Sesam, Tofu, kalziumreiches Mineralwasser. Auch pflanzlicher „Milch" wird oft Kalzium zugesetzt.

OMEGA-3-FETTSÄUREN

Fisch und Meeresfrüchte sind die wichtigsten Lieferanten von Omega-3-Fettsäuren. Da viele Vegetarier auch auf Fisch verzichten – und Veganer sowieso – sollten sie darauf achten, diese wertvollen Fettsäuren auf anderem Weg zu sich zu nehmen. Gute pflanzliche Quellen dafür sind Nüsse und Leinsamen sowie Lein-, Raps- und Walnussöl.

VITAMIN D

Egal ob Vegetarier oder nicht – es ist fast unmöglich, allein mit der Nahrung ausreichend Vitamin D aufzunehmen. Vitamin-D-Lieferanten sind fetter Fisch, Butter, Milch, Eier, Pilze, Avocado. Allerdings kann der Körper Vitamin D mit Hilfe von UV-Licht selbst herstellen. Deshalb ist es ratsam, sich ausreichend im Freien zu bewegen – wenn möglich auch mal ohne Sonnenschutz. Das funktioniert auch bei bedecktem Himmel. Notfalls muss Vitamin D dem Körper künstlich zugeführt werden.

VITAMIN B12

Dieses Vitamin ist wichtig für die Entwicklung der Nervenzellen und des Gehirns, kommt aber nur in tierischen Produkten vor. Deshalb müssen Veganer dieses Vitamin als Nahrungsergänzungsmittel zu sich nehmen.

UND VEGAN?

Wer sich gut informiert und auf bestimmte Dinge achtet, kann vegan gesund leben. Allerdings empfiehlt die Deutsche Gesellschaft für Ernährung (DGE), sich während Schwangerschaft, Stillzeit und im Kindes- und Jugendalter nicht vegan zu ernähren, weil gerade dann die Gefahr groß ist, dass es zu Mangelerscheinungen kommt. Wer sich trotzdem in diesen Lebensphasen vegan ernähren möchte, sollte sich am besten mit Hilfe einer Fachkraft informieren und die Versorgung mit bestimmten Nährstoffen regelmäßig ärztlich überprüfen lassen.

REZEPTE

ZUTATEN

Saft von 1 Zitrone
2–3 EL mild schmeckendes Salatöl (z. B. Sonnenblumenöl, Keimöl oder Walnussöl)
1–2 EL Zucker (je nach Geschmack)
1 Prise Salz
2 Orangen
2 mittelgroße Fenchelknollen

FENCHEL-ORANGEN-SALAT (VEGAN)

1 Aus Zitronensaft, Salatöl, Zucker und Salz eine Salatsauce anrühren. Die Orangen schälen, in kleine Stücke schneiden und mit der Salatsauce mischen.

2 Die Fenchelknollen waschen und putzen. Die Knollen halbieren und den Strunk keilförmig herausschneiden. Den Fenchel möglichst fein raspeln oder schneiden und sofort mit der Salatsauce vermischen.

Ein Rezept von Familie Jope aus Wetter

Tipp: Der Salat sollte frisch gegessen werden. Wenn er längere Zeit steht, bildet sich viel Flüssigkeit. Wenn mal keine Orangen zur Hand sind, gehen auch Äpfel. Für den Geschmack geben wir dann noch ein wenig Orangensaft dazu.

NUDELSALAT ROT-GRÜN

1 Die Nudeln in Salzwasser bissfest kochen.

2 In der Zwischenzeit die Gurke längs halbieren und in dünne Scheiben schneiden. Die rote und grüne Paprika waschen, entkernen und würfeln.

3 Den Schafskäse zerbröseln.

4 Die getrockneten Tomaten in kleine Stücke und die Lauchzwiebeln in feine Ringe schneiden.

5 Die abgetropften und abgeschreckten kalten Nudeln mit dem vorbereiteten Gemüse und dem Käse vermengen.

6 Für die Vinaigrette die Zwiebeln in ganz feine Stücke schneiden. Öl aus dem Glas der getrockneten Tomaten, Petersilie, Balsamico, Senf, Honig, Salz und Pfeffer dazugeben und gut vermischen.

7 Vinaigrette mit dem Salat vermischen und mindestens eine Stunde ziehen lassen.

Ein Rezept von Familie Wendland aus Bochum

ZUTATEN

400 g Nudeln
1 Schlangengurke
je 1 rote und grüne Paprikaschote
200 g Schafskäse
1 Glas getrocknete Tomaten in Öl (ca. 280 g Füllmenge)
4 Lauchzwiebeln
2 rote Zwiebeln
6 EL gehackte Petersilie (frisch oder TK)
8 EL weißer Balsamico
2 EL mittelscharfer Senf
2 TL Honig
Salz, Pfeffer

NUDELSALAT MIT KICHERERBSEN

ZUTATEN

500 g Nudeln
1 Dose Kichererbsen
1/2 Dose Mais
1 kleine Dose Erbsen
6 Champignons
2 Tomaten
3 Frühlingszwiebeln
Salatcreme oder Salatmayonnaise
Salz, Pfeffer, Paprika, Curry

1 Die Nudeln in Salzwasser bissfest kochen.

2 In der Zwischenzeit Kichererbsen, Mais und Erbsen abtropfen lassen und in eine große Schüssel geben.

3 Champignons in Scheiben, Tomaten in Würfel, Frühlingszwiebeln in Ringe schneiden und dazugeben.

4 Die abgetropften und abgeschreckten kalten Nudeln dazugeben.

5 Salatcreme oder Mayonnaise unterrühren und mit den Gewürzen abschmecken.

6 Am besten über Nacht durchziehen lassen.

Ein Rezept von Familie Bürki aus Thun

SAUERKRAUTSALAT (VEGAN)

ZUTATEN

250 g Sauerkraut von guter Qualität
6 Essiggurken
1–2 Äpfel
100 g Rucola oder Sprossen
1 EL Pinienkerne
4 EL Olivenöl

1 Sauerkraut gabelgerecht schneiden.

2 Essiggurken und Apfel fein reiben und unter das Sauerkraut mischen.

3 Den Rucola waschen und grob hacken und dazugeben.

4 Pinienkerne und Öl über den Salat geben und vermischen. Je nach Geschmack kann man noch etwas von dem Essiggurkenwasser zugeben.

Ein Rezept von Familie Piehler aus Ulm

Tipp: Statt der Pinienkerne kann man auch Sonnenblumenkerne verwenden.

COLESLAW

1 Weißkohl von den äußeren Blättern befreien.

2 Möhren schälen.

3 Den Weißkohl und die Möhren mit der Küchenmaschine oder einer Gemüsereibe je nach Vorliebe grob oder fein raspeln.

4 Die Zwiebel schälen und in feine Streifen schneiden.

5 Geraspelte Möhren, Weißkohl und Zwiebelstreifen in einer großen Schüssel vermengen.

6 Die restlichen Zutaten dazugeben und gut vermischen. Für mindestens vier Stunden oder über Nacht im Kühlschrank durchziehen lassen, danach noch einmal abschmecken.

Ein Rezept von Familie Wendland aus Bochum

ZUTATEN

1 kg Weißkohl
3 Möhren
1 Zwiebel
200 ml Mayonnaise
80 ml Sahne
2 EL Apfelessig oder weißer Balsamico
1 EL Senf
4 EL Zucker
Salz, Pfeffer

FELDSALAT MIT FETA UND HEIDELBEEREN

ZUTATEN

250 g Feldsalat
100 g Heidelbeeren
4 EL Walnüsse
100 g Schafskäse
4 EL Olivenöl
2 EL Himbeeressig
1 TL mittelscharfer Senf
1 TL Honig
Salz, Pfeffer

1 Den Salat und die Heidelbeeren waschen und abtropfen lassen.

2 Die Walnüsse hacken und ohne Öl in einer Pfanne anrösten.

3 Schafskäse fein würfeln oder zerbröseln.

4 Für die Vinaigrette Öl, Essig, Senf, Honig, Salz und Pfeffer verrühren.

5 Den Salat, die Beeren und die Vinaigrette mischen.

6 Mit Schafskäse und Walnüssen bestreut servieren.

Ein Rezept von Familie Wendland aus Bochum

Tipp: Anstelle von Feldsalat kann man auch Babyspinat oder Rucola nehmen.

ROTE-BETE-APFEL-SALAT

ZUTATEN

1 große Rote-Bete-Knolle (roh)
2 mittlere Äpfel
1 Zitrone
1 EL Honig
ein bis zwei Hände voll Walnusskerne

1 Die Rote Bete schälen und grob raspeln, die Äpfel ungeschält dazu raspeln.

2 Die Zitrone auspressen und den Saft sowie den Honig dazugeben.

3 Die Walnüsse grob hacken, mit an den Salat schütten und alles gut umrühren.

Ein Rezept von Familie Rentsch aus Gera

SALAT-EXTRAS

Mit diesen Zutaten oder Toppings wird aus einem „Alltags-Salat" etwas Besonderes:

Obst: kleingeschnittene Birne, Apfel oder Erdbeeren; Himbeeren als ganze Früchte; Granatapfelkerne; Orangen- oder Mandarinenschnitze;
perfekt dazu ist der jeweils passende Essig

Trockenfrüchte: speziell zu bitteren Salaten wie Chicorée oder Radicchio passen Feigen, Datteln, Aprikosen oder Rosinen

Gemüse: geschnitten, gerieben, geraspelt, mit dem Sparschäler in Streifen oder dem Spiralschneider in Spiralen geschnitten: Karotte, Gurke, Paprika;
passt fast immer: Mais;
für Feinschmecker: gerösteter Blumenkohl; gekochte Rote-Bete-Würfel; gegrillter Spargel

Frische Sprossen: nicht nur Kresse und Rucola können als Sprossen verarbeitet werden, auch z. B. Linsen oder Bockshornklee;
Mungobohnen oder Sojasprossen sollten gedünstet werden, wenn sie in größeren Mengen verwendet werden

Essbare Blüten: Kapuzinerkresse, Borretsch, Gewürztagetes

Gekochtes Getreide oder Hülsenfrüchte (Resteverwertung!): Couscous, Bulgur; Kichererbsen, Linsen, Bohnen

Knackige Zugaben: Croutons (in Kräuterbutter gebraten), Brotchips, Tacos

Saaten/Nüsse: Walnüsse, Haselnüsse, Mandeln; Sonnenblumenkerne, Sesam, Leinsamen

Ungewöhnliche Aromen: Kakao/Schokolade im Dressing oder als Zugabe; Kokos als Raspel oder Chips; Nuss-Mus im Dressing verarbeiten: Tahin (Sesam), Haselnuss, Erdnuss ...

Alternative Süße: Honig, Agavendicksaft, Zuckerrübensirup

Extras: (Räucher-)Tofusticks oder -würfel, pur, gebraten, karamellisiert, in Kokos gewendet ...; eingelegte Artischocken; getrocknete Tomaten; Eingelegtes wie Oliven, Peperoni, Maiskölbchen oder Essiggurken; gekochtes Ei

Käse: Hartkäse als Würfel, Mozzarella, geriebener Käse, Schafskäse, Halloumi

Ideen von Familie Piehler aus Ulm

ZUTATEN

1/2 Tasse Cashewkerne
1 kleine Karotte
1 Knoblauchzehe
Salz, Pfeffer
1 Hand voll Sonnenblumenkerne
Je 1/2 rote und gelbe Paprika
frisches Brot oder Baguette
frische Kräuter

KONFETTI-DIP (VEGAN)

1 Cashewkerne einige Minuten in Wasser einweichen, abspülen und mit 2 EL frischem Wasser im Mixer pürieren.

2 Karotte in Stücken, Knoblauchzehe, Salz, Pfeffer und Sonnenblumenkerne zugeben und im Mixer kleinhacken.

3 Paprika zugeben und kurz untermixen.

4 Dip auf Brot streichen und mit frischen Kräutern bestreuen.

Ein Rezept von Familie Rhein aus Lörrach

SCHNELLE PIZZA-SCHNECKEN

1 Den Pizzateig ausrollen.

2 Die Hälfte der Tomatensoße darauf verstreichen, am Rand der langen Seiten etwa 2 cm frei lassen. Den Teig in der Mitte durchschneiden.

3 Den Mozzarella würfeln, Mais abtropfen lassen. Mozzarella und Mais gleichmäßig auf den beiden Teighälften verteilen. Die Teighälften von der langen Seite her aufrollen. Beide Rollen in je sechs Stücke schneiden.

4 Ein Muffinblech gut einfetten. Die Pizzarollen mit der gerollten Seite nach oben in die Vertiefungen der Muffinform legen.

5 Mit geriebenem Käse bestreuen. Nach den Angaben auf der Pizza-Kit-Packung backen. Die Backzeit ist allerdings meist kürzer als angegeben. Wenn die Pizza-Muffins braun werden, aus dem Ofen nehmen. Vorsichtig aus der Form heben und heiß oder kalt servieren.

Ein Rezept von Familie Wendland aus Bochum

Tipp: Statt Mais kann man auch kleingewürfelte Paprikaschoten oder kleingeschnittenen Rucola nehmen. Oder auch von allem etwas. Die Füllung sollte nur nicht zu dick sein, sonst quillt alles heraus.

ZUTATEN
(FÜR 12 STÜCK)

1 Pizza-Kit (Pizzateig plus Tomatensauce)
2 Mozzarella-Kugeln
1/2 Dose Mais
100 g geriebener Käse
Öl zum Einfetten

ZUTATEN
(FÜR EINEN GROSSEN KAFFEEBECHER)

2 EL Olivenöl
1 Ei
Salz, Pfeffer
Basilikum, Oregano
5 EL Vollkornmehl
1/2 TL Backpulver
1 kleine Tomate
30 g Käse, z.B. Gouda

HERZHAFTER MUG CAKE

1 Das Öl mit dem Ei, den Gewürzen und Kräutern in einen großen Kaffeebecher geben und gut verrühren.

2 Mehl und Backpulver ebenfalls unterrühren.

3 Die Tomate fein würfeln, den Käse reiben, beides in die Tasse geben und gut vermischen.

4 In der Mikrowelle bei 1.000 Watt 2 Minuten garen.

Ein Rezept von Familie Wendland aus Bochum

MÖHRENWAFFELN

ZUTATEN
(FÜR 6-8 WAFFELN)

50 g Butter
1 Ei
250 – 300 ml Milch
1 TL Kräutersalz
300 g Möhren
100 g Polenta
100 g Weizenvollkornmehl

1 Butter in der Mikrowelle oder im Topf auf dem Herd schmelzen lassen. Mit Ei, Milch und Kräutersalz verquirlen.

2 Möhren fein reiben und unter die Ei-Milch-Masse geben.

3 Polenta und Mehl unterrühren und den Teig 15 Minuten quellen lassen.

4 Waffeleisen vorheizen und Waffeln ausbacken.

Ein Rezept von Familie Spohn aus Engstingen

Tipps: Die Waffeln halten sich 2 bis 3 Tage im Kühlschrank, sie lassen sich einfrieren und im Toaster aufbacken.
Die Milch kann man durch Mineralwasser ersetzen, die Möhren durch Zucchini, Kohlrabi oder Pastinake.
Mit 80 g geriebenem Käse schmecken die Waffeln noch kräftiger.

ROTE-BETE-CARPACCIO

ZUTATEN

400 g Rote Bete (frisch)
2 Mozzarella-Kugeln
3 EL Olivenöl
2 EL Balsamico
1–2 TL Honig
Salz, Pfeffer
frische Sprossen oder Kräuter nach Wahl

1 Rote Bete 20 Minuten im Dampfkochtopf oder mit Wasser bedeckt im Topf garen und abkühlen lassen.

2 Mozzarella halbieren und in feine Scheiben schneiden.

3 Rote Bete halbieren und in 0,5–1 cm dicke Scheiben schneiden.

4 Auf einem großen, flachen Teller Rote Bete und Mozzarella im Wechsel anrichten. Dabei darauf achten, den Mozzarella mit der anderen Hand als die Rote Bete anzufassen, damit nichts abfärbt.

5 Essig, Öl und Honig in einer kleinen Schüssel miteinander verrühren und mit Salz und Pfeffer abschmecken. Dressing über die angerichteten Scheiben geben.

6 Das Carpaccio mit den Sprossen und/oder Kräutern garnieren.

Ein Rezept von Familie Piehler aus Ulm

Tipp: Wer wenig Zeit hat, verwendet vorgegarte Rote Bete.

GEMÜSETOAST

1 Backofen auf 180 Grad vorheizen.

2 Karotte und Zucchino grob raspeln, Frühlingszwiebeln in feine Ringe schneiden, Knoblauch pressen, Käse reiben.

3 Alle Zutaten in einer Schüssel zu einer cremigen Masse vermischen.

4 Mit den Gewürzen abschmecken und auf den Broten verteilen.

5 Im Backofen auf der unteren Einschubleiste bei 180 Grad (Ober- und Unterhitze) backen, bis der Gemüseaufstrich eine goldbraune Farbe bekommt.

Ein Rezept von Familie Biernat aus Weinsberg

ZUTATEN

10 Scheiben Toast oder anderes Brot
1 große Karotte
1 kleiner Zucchino
2 Frühlingszwiebeln
1 Knoblauchzehe
100 g würziger Käse
1/2 Becher Crème fraîche mit Kräutern
Salz, Pfeffer, Kräuter nach Belieben

SNICKELS ENERGIEBÄLLCHEN (VEGAN)

1 Erdnüsse im Mixer fein hacken.

2 Datteln, Kakao und Wasser zugeben und zu einer bröseligen Masse mixen.

3 Je einen gehäuften Teelöffel davon mit den Händen zusammendrücken und zu einer Kugel rollen.

4 In einem Glas im Kühlschrank aufbewahren.

Ein Rezept von Familie Rhein aus Lörrach

ZUTATEN

150 g ungesalzene Erdnüsse
300 g weiche Datteln (entsteint)
15 g Kakao
2 EL Wasser

GRÜNKOHL-CHIPS (VEGAN)

ZUTATEN

500 g frischer Grünkohl
2 EL Olivenöl
2 EL Essig
2 EL Sojasauce
100 g Cashewkerne
1 EL Hefeflocken (optional)

1 Die Blätter vom Grünkohl abbrechen, mundgerechte Stücke von den Strünken abzupfen und in eine große Schüssel füllen.

2 Olivenöl, Essig und Sojasauce darübergeben und mit den Händen gut vermischen und durchkneten.

3 Anschließend Cashewkerne im Mixer oder Blitzhacker mahlen und mit den Hefeflocken untermischen.

4 Die Grünkohlstücke auf den Gittern eines Dörrgerätes verteilen und über Nacht bei 42 °C knusprig trocknen. Alternativ die Grünkohlstücke auf zwei mit Backpapier ausgelegte Bleche verteilen und bei 120 Grad (Umluft) ca. eine Stunde backen. Zwischendurch auflockern und testen, ob die Chips schon schön knusprig sind.

5 In einem Glas oder einer Dose luftdicht aufbewahren.

Ein Rezept von Familie Rhein aus Lörrach

ZUTATEN

1 Zwiebel
1 Knoblauchzehe
2 EL Öl
1 Dose Mais
(Abtropfgewicht ca. 285 g)
1 Dose weiße Bohnen oder Riesenbohnen
(Abtropfgewicht ca. 250 g)
1 Glas Schwarzwurzeln
(Abtropfgewicht ca. 320 g)
1 l Gemüsebrühe
4 Scheiben Vollkorntoast
2 EL Olivenöl
Salz, Pfeffer, Kräuter
1/2 Bund Frühlingszwiebeln
Curry, Garam Masala
(indische Gewürzmischung)

SCHNELLE MAISSUPPE (VEGAN)

1 Zwiebel und Knoblauch würfeln. Öl in einem Topf erhitzen und beides darin anschwitzen.

2 Mais, Bohnen und Schwarzwurzeln abtropfen lassen und in den Topf geben. Kurz mitdünsten, dann die Gemüsebrühe angießen und fünf Minuten köcheln lassen.

3 In der Zwischenzeit Toast würfeln.

4 Olivenöl in einer Pfanne erhitzen und Toaststücke darin kross werden lassen. Mit Salz, Pfeffer und Kräutern würzen.

5 Frühlingszwiebeln in Scheiben schneiden.

6 Suppe pürieren und mit Salz, Pfeffer, Curry und Garam Masala würzen. Mit Toast-Croutons und Frühlingszwiebeln servieren.

Ein Rezept von Familie Wendland aus Bochum

Tipp: Anstelle von Bohnen und Schwarzwurzeln kann auch anderes eingemachtes Gemüse bzw. Hülsenfrüchte verwendet werden, z. B. Erbsen, Kichererbsen, Spargel, Kohlrabi …

MÖHREN-SCHWARZWURZEL-SUPPE

1 Die Zwiebel und den Ingwer fein würfeln.

2 Rapsöl in einem Topf erhitzen, Zwiebel und Ingwer darin andünsten.

3 Die Möhren schälen und in dicke Scheiben schneiden. Kurz mitdünsten, dann Gemüsebrühe angießen und etwa 15 Minuten köcheln lassen, bis die Möhren gar sind.

4 Schwarzwurzeln abtropfen lassen und zu den Möhren geben, kurz mitgaren.

5 Gemüse pürieren. Sahne und Saft dazugeben und mit Salz und Pfeffer abschmecken.

Ein Rezept von Familie Bürki aus Thun

Tipp: Wenn die Suppe vegan sein soll, nehmen Sie statt der Sahne Kokosmilch.

ZUTATEN

1 Zwiebel
1–2 cm frischer Ingwer
1 EL Rapsöl
600 g Möhren
750 ml Gemüsebrühe
1 Glas Schwarzwurzeln (ca. 300 g)
100 ml Sahne
4 EL (frisch gepresster) Orangensaft
Salz, Pfeffer

LINSEN-APFEL-SUPPE (VEGAN)

ZUTATEN

1 kleines Stück Ingwer
1 kleine Gemüsezwiebel
2 mittelgroße Äpfel
(Cox, Elstar oder Boskop)
2 EL Öl
350 g rote oder gelbe Linsen
800 ml Gemüsebrühe
1 Dose Kokosmilch
Salz, Pfeffer
Curry, Kreuzkümmel, Koriander
evtl. Apfelsaft

1 Ingwer und Zwiebel schälen und fein würfeln.

2 Äpfel waschen, entkernen und in Würfel schneiden.

3 Öl im Topf erhitzen und Zwiebeln, Ingwer und Äpfel anrösten.

4 Linsen hinzufügen und kurz unter Rühren dünsten. Mit der Gemüsebrühe ablöschen und ca. 15 Minuten köcheln lassen.

5 Wenn die Linsen weich sind, Kokosmilch, Salz, Pfeffer und nach Geschmack Kreuzkümmel, Koriander und/oder Curry hinzugeben und mit dem Pürierstab pürieren. Wenn die Suppe zu breiig ist, mit Apfelsaft oder Gemüsebrühe angießen.

Ein Rezept von Familie Fischer aus Hanau

Tipp: Dazu passt Naan Brot (s. S. 45). Wer es weniger süß mag, nimmt statt der Äpfel zwei Möhren und ein Stück Sellerie und ersetzt Kokosmilch und Apfelsaft durch Brühe.

BOHNENSUPPE MIT SPÄTZLE

ZUTATEN

200 g weiße Bohnen
Gemüsebrühepulver
250 g Spätzle
200 g Crème fraîche,
Schmand oder Sauerrahm
Paprikapulver
Schnittlauch oder andere klein
geschnittene Kräuter
Balsamico oder Essig nach Wahl

1 Bohnen über Nacht in reichlich Wasser einweichen. Am nächsten Tag 12 Minuten im Dampfkochtopf oder 40–60 Minuten mit Wasser bedeckt im Topf kochen. Bohnen nach dem Kochen abspülen und abtropfen lassen.

2 Etwa einen Liter Wasser zugeben. Mit Brühepulver abschmecken und aufkochen. Wenn die Bohnen heiß und weich sind, mit dem Pürierstab pürieren. Bei Bedarf nochmals Wasser hinzufügen und abschmecken.

3 Spätzle zur Suppe geben und in der Suppe garen, dabei immer wieder umrühren. Wer möchte, kann die Spätzle vor dem Kochen in löffelgerechte Stücke brechen.

4 Im Teller Crème fraîche mit Paprikapulver verrühren und Suppe darauf schöpfen. Am Tisch mit Kräutern und Balsamico oder Essig verfeinern.

Ein Rezept von Familie Piehler aus Ulm

Tipps: Schneller geht es mit Bohnen aus der Dose. Noch nahrhafter wird die Suppe mit Räuchertofu-Würfeln oder Scheiben von Seitanwürsten. Wer noch etwas Frische in das Gericht bringen möchte, kann mit den Spätzle auch Karottenscheiben oder anderes klein geschnittenes Gemüse zugeben.

ZUTATEN

1 kg aromatische Tomaten
2 Schalotten
2 Knoblauchzehen
1 Zweig Rosmarin
Salz, Pfeffer
5 EL Olivenöl
1 l Tomatensaft
2 EL Balsamico (bianco)
1 TL Ahornsirup (alternativ Honig)
200 g Mozzarella

TOMATENSUPPE AUS DEM OFEN

1 Den Backofen auf 175 Grad (Umluft) vorheizen.

2 Die Tomaten waschen, Schalotten und Knoblauch fein würfeln. Rosmarin hacken.

3 Gemüse zusammen mit Öl, Salz, Pfeffer und Rosmarin in einen ofenfesten Topf geben und vermischen. Im Ofen etwa 40 Minuten backen, bis die Tomaten aufgeplatzt sind. Die Tomaten evtl. mit einem Kochlöffel etwas zerdrücken.

4 Tomatensaft angießen und fünf Minuten im Ofen mitkochen.

5 Suppe aus dem Ofen nehmen und mit Balsamico, Ahornsirup und gegebenenfalls noch Salz und Pfeffer abschmecken.

6 Mozzarella in kleine Stücke schneiden und in die Suppe geben. Dazu passen Ciabatta oder Focaccia.

Ein Rezept von Familie Wendland aus Bochum

ZUTATEN

300 g Hokkaidokürbis
1 Zwiebel
1 Knoblauchzehe
1 Stück Ingwer (ca. 4 cm)
2 EL Olivenöl
250 g rote Linsen
250 ml Kokosmilch
800 ml Gemüsebrühe
1 Handvoll Cashewkerne
100 ml Limettensaft
Salz, Pfeffer
2 Frühlingszwiebeln

KÜRBISSUPPE MIT LINSEN (VEGAN)

1 Kürbis waschen, halbieren, Kerne mit einem Löffel entfernen und Kürbisfleisch grob würfeln.

2 Zwiebel, Ingwer und Knoblauch schälen und grob hacken.

3 Olivenöl in einem Topf erhitzen. Kürbis, Zwiebel, Ingwer und Knoblauch im heißen Öl ca. 5 Minuten anbraten.

4 Linsen dazugeben und mit Kokosmilch und Brühe aufgießen. Ca. 30 Minuten köcheln lassen.

5 Cashewkerne grob hacken und ohne Fett in einer Pfanne anrösten.

6 Suppe bis zur gewünschten Konsistenz pürieren. Mit Limettensaft, Salz und Pfeffer abschmecken.

7 Frühlingszwiebeln in feine Ringe schneiden und mit den Cashewkernen zu der Suppe servieren.

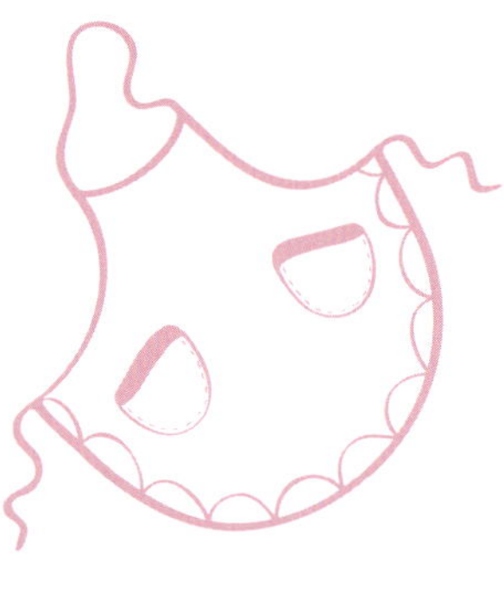

Ein Rezept von Familie Wendland aus Bochum

STECKRÜBENEINTOPF MIT GREMOLATA

1 Für den Eintopf Zwiebeln würfeln, Lauch in Streifen schneiden, übriges Gemüse grob würfeln.

2 Butter in einem Topf erhitzen.

3 Zwiebeln in der Butter glasig dünsten, dann das ganze Gemüse kurz anbraten.

4 Milch und Wasser angießen, Gemüsebrühe dazugeben, mit Salz und Pfeffer würzen. 20 bis 25 Minuten kochen lassen.

5 Für die Gremolata die Zitrone heiß waschen und die Schale abreiben.

6 Tomaten, Frühlingszwiebeln und Knoblauch fein hacken, alles mit der abgeschnittenen Kresse mischen.

7 Den Eintopf mit je einem Löffel Gremolata servieren.

Ein Rezept von Familie Seidel aus Drebach

ZUTATEN EINTOPF

2 Zwiebeln
1 Stange Lauch
500 g Steckrüben
300 g Kartoffeln
250 g Möhren
250 g Wurzelpetersilie
50 g Butter
1/2 l Wasser
1/4 l Milch
1 EL Gemüsebrühepulver
Salz, Pfeffer

ZUTATEN GREMOLATA

1 unbehandelte Zitrone
4 in Öl eingelegte Tomaten
2 Frühlingszwiebeln
2 Knoblauchzehen
1 Kästchen Kresse

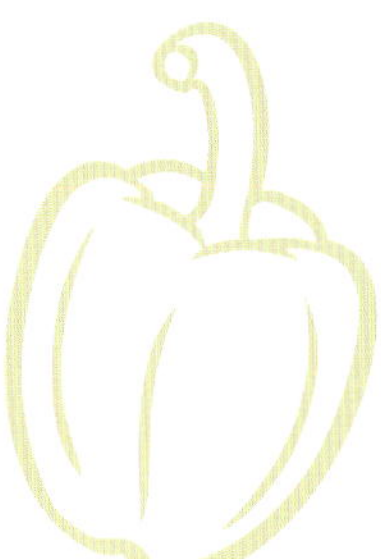

PAPRIKASUPPE MIT ZIEGENFRISCHKÄSE

ZUTATEN

700 g rote oder orange Paprika
1 Gemüsezwiebel
2 Knoblauchzehen
2 EL Olivenöl
Salz, Pfeffer, Zucker
600 ml Gemüsebrühe
1 Bio-Zitrone
1 EL Basilikum
200 g Ziegenfrischkäse

1 Die Paprikaschoten und die Zwiebel würfeln. Knoblauch in Scheiben schneiden. In Öl in einem Topf bei mittlerer Hitze etwa 5 Minuten dünsten. Mit Salz, Pfeffer und Zucker würzen. Brühe angießen und etwa 15 Minuten kochen lassen.

2 In der Zwischenzeit die Schale der Zitrone abreiben, Basilikum klein schneiden. Beides mit dem Ziegenfrischkäse verrühren.

3 Die Suppe pürieren und noch einmal abschmecken. Auf dem Teller mit einem Löffel Ziegenfrischkäse anrichten.

Ein Rezept von Familie Wendland aus Bochum
Tipps: Wer keinen Ziegenfrischkäse mag, kann auch anderen Frischkäse als Topping nehmen. Wenn nur Erwachsene mitessen, kann man 200 ml der Brühe durch Weißwein ersetzen.

PIZZASUPPE

ZUTATEN
(FÜR 10 PERSONEN)

10 Zwiebeln
4 EL Butter
850 g Mais (Dose)
850 g Erbsen (Dose)
850 g geschälte Tomaten (Dose)
3 l Gemüsebrühe
125 g Instanthaferflocken/ Schmelzflocken
Salz, schwarzer Pfeffer, Prise Zucker
1 EL Kräuter der Provence
1 EL gehacktes Basilikum
500 g Sahne
gehackte Petersilie zum Bestreuen

1 Die Zwiebeln schälen und fein schneiden. Butter in einem Topf schmelzen lassen und die Zwiebeln darin bei milder Hitze und geschlossenem Deckel etwa 30 Minuten dünsten. Mehrfach wenden.

2 Inzwischen Mais und Erbsen abtropfen lassen und dabei den Saft auffangen.

3 Die Flüssigkeit mit Wasser auf 2 Liter ergänzen.

4 Tomaten mit einer Gabel zerdrücken.

5 Die Gemüsebrühe mit dem Saft aus den Tomatendosen und den Haferflocken in einem großen Topf mit einem Schneebesen aufschlagen. Die Mischung erhitzen und unter Rühren aufkochen lassen.

6 Anschließend die angedünsteten Zwiebeln, die Tomaten, den Mais und die Erbsen hinzufügen. Die 2 Liter Flüssigkeit dazugießen, und das Ganze aufkochen lassen.

7 Mit Salz, Pfeffer, Zucker sowie den Kräutern abschmecken. Etwa 5 Minuten köcheln lassen und anschließend die Sahne unterziehen. Mit Petersilie garnieren.

Ein Rezept von Familie Allgaier aus Ditzingen
Tipp: Ich passiere die Suppe meistens, bevor ich den Mais und die Erbsen zugebe. Auf diese Weise „verschwinden" die Zwiebeln und die Tomaten, und meine Kinder essen die Suppe so lieber.

ZUTATEN

50 g gemahlene Mandeln
750 ml Gemüsebrühe
500 g Brokkoli
3 mittelgroße Kartoffeln
300 ml Milch
Salz, Pfeffer, Thymian

BROKKOLI-MANDEL-SUPPE

1 Die gemahlenen Mandeln in einer Pfanne ohne Fett anrösten.

2 Die Gemüsebrühe aufkochen lassen.

3 Den Brokkoli und die Kartoffeln klein schneiden und in die kochende Brühe geben. Etwa 15 Minuten gar kochen lassen.

4 Drei Viertel der gemahlenen Mandeln und die Milch dazugeben und alles pürieren.

5 Mit Salz, Pfeffer und Thymian abschmecken.

6 Mit den restlichen Mandeln bestreut servieren.

Ein Rezept von Familie Schulze aus Recklinghausen
Tipps: Wenn die Suppe mehr Biss haben soll, können einige unpürierte Brokkoli-Röschen hineingegeben werden. Zum Bestreuen eignen sich auch Mandelblättchen.

SÜSSKARTOFFELSUPPE MIT KICHERERBSEN (VEGAN)

ZUTATEN

1 Zwiebel
1 Knoblauchzehe
2 EL Öl
2 Süßkartoffeln
1 l Gemüsebrühe
1 Glas Kichererbsen (Abtropfgewicht ca. 400 g)
Curry, Pfeffer, Garam Masala (indische Gewürzmischung)
Schnittlauchröllchen oder Kürbiskerne zum Garnieren

1 Zwiebel und Knoblauch würfeln und in einem Topf im heißen Öl andünsten.

2 Süßkartoffeln schälen und ebenfalls würfeln. In den Topf geben und kurz mitdünsten.

3 Brühe angießen und 5–10 Minuten kochen lassen, bis die Süßkartoffeln weich sind.

4 Kichererbsen abtropfen lassen und dazugeben.

5 Die Suppe pürieren und mit den Gewürzen abschmecken, auf dem Teller mit Schnittlauchröllchen oder Kürbiskernen bestreuen.

Ein Rezept von Familie Wendland aus Bochum

Tipp: Man kann einen Teil der Kichererbsen auch erst nach dem Pürieren zur Suppe geben.

WINTERLICHER KARTOFFEL-EINTOPF (VEGAN)

1 Bohnen und Erbsen in der Gemüsebrühe 1 Stunde kochen.

2 Linsen sowie die geschälten und gewürfelten Kartoffeln dazugeben.

3 Den Eintopf weitere 30 Minuten garen, wenn nötig etwas Wasser nachgießen.

4 In der Zwischenzeit Möhren in Scheiben schneiden, zusammen mit dem Öl 15 Minuten vor Kochende hinzufügen.

5 Den Eintopf mit den Gewürzen abschmecken.

Ein Rezept von Familie Spohn aus Engstingen

ZUTATEN

2 l Gemüsebrühe
150 g weiße Bohnen
150 g grüne Erbsen
150 g Linsen
500 g Kartoffeln
250 g Möhren
1 EL Öl
Salz, Pfeffer, Basilikum

KARTOFFEL-APFEL-SUPPE

ZUTATEN

500 g Kartoffeln
400 g Äpfel
1/2 Bund Frühlingszwiebeln
1 l Gemüsebrühe
10 g Ingwer
125 ml Sahne
Nelken, Salz, Pfeffer, Majoran

1 Kartoffeln und Äpfel in kleine Stücke schneiden (wer mag, kann sie auch vorher schälen).

2 Das Weiße der Frühlingszwiebeln in Ringe schneiden.

3 Kartoffeln, Frühlingszwiebeln und Äpfel in der Brühe aufkochen.

4 Ingwer fein reiben und mit den Gewürzen dazugeben.

5 Die Suppe ca. 20 Minuten köcheln lassen.

6 Wenn die Kartoffeln und Äpfel gar sind, die Suppe pürieren. Nach Bedarf nochmals Wasser zugeben, bis die gewünschte Konsistenz erreicht ist.

7 Sahne zur Suppe geben und erhitzen.

8 Den grünen Teil der Frühlingszwiebeln in feine Röllchen schneiden.

9 Suppe abschmecken und mit geschnittenen Röllchen garnieren.

Ein Rezept von Familie Piehler aus Ulm
Tipps: Luftiger wird die Suppe, wenn die Sahne vorher geschlagen wird. Sehr lecker ist auch eine Zitronen-Gremolata zur Suppe: dafür fein gehackte Petersilienblättchen mit zwei fein gehackten Knoblauchzehen und der abgeriebenen Schale einer unbehandelten Zitrone mischen.

RISONI MIT MÖHREN UND PAPRIKA

ZUTATEN

1 Zwiebel
1 Knoblauchzehe
3 Möhren
1 Paprikaschote
Olivenöl
300 g Risoni oder Kritharaki (Nudeln in Reisform)
1 Liter Gemüsebrühe
Salz, Pfeffer
100 g Käsewürfel, z. B. Cheddar

1 Zwiebeln, Knoblauch, Möhren und Paprika fein würfeln und in Olivenöl dünsten.

2 Risoni und eine Suppenkelle von der Brühe dazugeben und gut rühren. Etwas köcheln lassen und noch zwei Kellen der Brühe unterrühren.

3 Wenn die Flüssigkeit fast vollständig aufgenommen wurde, wieder Brühe dazugeben. So weiter verfahren, bis die Risoni gar sind. Dabei öfter rühren.

4 Servieren und mit den Käsewürfeln bestreuen.

Ein Rezept von Familie Bürki aus Thun

ÄLPLERMAGRONEN

1 Kartoffeln schälen und in mundgerechte Würfel schneiden.

2 Nudeln und Kartoffeln zusammen in Salzwasser bissfest kochen und abschütten.

3 Zwiebeln in Ringe schneiden und in der Butter goldbraun braten.

4 Die Sahne zu den Nudeln und Kartoffeln geben und unter Rühren erhitzen.

5 Den Käse reiben, zu den Nudeln und Kartoffeln geben und unter Rühren schmelzen lassen.

6 Mit Salz und Pfeffer abschmecken.

7 Auf Tellern mit den Zwiebeln und dem Apfelmus anrichten.

Ein Rezept von Familie Piehler aus Ulm
Tipps: Kalorienbewusste ersetzen einen Teil der Sahne durch Milch. Als Beilage passt ein frischer Salat.

ZUTATEN

400 g Kartoffeln
400 g Nudeln (im Schweizer Original Magronen/Makkaroni – schmeckt aber mit allen Nudeln)
4 Zwiebeln
50 g Butter
300 g Sahne
200 g würziger Käse (Bergkäse, Greyerzer ...)
Salz, Pfeffer
500 g Apfelmus

ZUTATEN

500 g Nudeln
2 Knoblauchzehen
1 Zwiebel
400 g gehackte oder passierte Tomaten
2 EL Oregano
2 EL Olivenöl
1 l Gemüsebrühe
Salz, Pfeffer
Parmesan zum Bestreuen

ONE POT PASTA

1 Nudeln in einen großen Topf geben (Spaghetti einmal durchbrechen).

2 Knoblauch und Zwiebeln würfeln und mit den Tomaten, dem Oregano und dem Öl dazugeben. Mit der kochenden Gemüsebrühe übergießen. Etwa 10 Minuten kochen lassen (hängt von der Kochzeit der Nudeln ab), dabei regelmäßig umrühren.

3 Wenn die Nudeln gar sind, mit Salz und Pfeffer abschmecken und mit dem Parmesan bestreuen.

Dieses Grundrezept kann man beliebig ergänzen und variieren:

* Sahne oder Pesto dazugeben (dann entsprechend weniger Brühe nehmen)
* Kichererbsen (aus dem Glas), Mais, Paprika, Zucchini, Frühlingszwiebeln, Erbsen (aus der Dose), frische Tomaten etc. dazugeben
* Anstelle von Oregano Rosmarin, Thymian oder Kräuter der Provence nehmen
* Statt die Nudeln mit Parmesan zu bestreuen, kann man auch Käse würfeln oder raspeln und vor dem Kochen mit in den Topf geben, z. B. Mozzarella, Gouda, Gorgonzola, Ricotta ...

Ein Rezept von Familie Wendland aus Bochum

NUDELPFANNE MIT RUCOLA

ZUTATEN

400 g Nudeln, z.B. grüne Bandnudeln
1 Zwiebel
1 Knoblauchzehe
1 EL Olivenöl
2 EL gehackte Mandeln
2 Tomaten
1 Paprika (gelb oder orange)
60 g Rucola
100 g Schafskäse
Salz, Pfeffer

1 Nudeln kochen.

2 In der Zwischenzeit Zwiebel und Knoblauch fein würfeln.

3 In einer großen Pfanne Öl erhitzen. Zwiebel und Knoblauch andünsten. Mandeln dazugeben.

4 Tomate und Paprika würfeln, in die Pfanne geben und kurz mitdünsten.

5 Rucola waschen und abtropfen lassen, Schafskäse würfeln.

6 Das Nudelwasser abgießen und die Nudeln in die Pfanne geben. Vermischen und mit Salz und Pfeffer abschmecken.

7 Mit Rucola und Schafskäse bestreuen.

Ein Rezept von Familie Wendland aus Bochum

Tipp: Man kann Rucola und Schafskäse auch auf den Tisch stellen, dann kann sich jeder davon so viel auf seine Nudeln streuen, wie er mag – oder eben auch nicht. Den Schafskäse kann man auch durch Parmesan ersetzen.

SCHNELLE PINKE NUDELN

1 Die Nudeln kochen.

2 In der Zwischenzeit die Zwiebel würfeln und im Olivenöl andünsten.

3 Die Rote Bete und den Schafskäse ebenfalls würfeln. Rote Bete und Zucker zu den Zwiebeln geben und kurz mitdünsten.

4 Schafskäse, Sahne und Sonnenblumenkerne dazugeben und erwärmen, mit Salz und Pfeffer würzen.

5 Nudeln und Rote Bete mischen und servieren.

Ein Rezept von Familie Schulze aus Recklinghausen

ZUTATEN

400 g Nudeln
1 Zwiebel
Olivenöl
4 Rote Bete (gekocht und vakuumiert)
100 g Schafskäse
2 EL Zucker
100 ml Sahne
2 EL Sonnenblumenkerne
Salz, Pfeffer

GRÜNKERNBOLOGNESE

1 Grünkern mit Wasser aufkochen. Sojasauce dazugeben und 15 Minuten ohne Wärmezufuhr quellen lassen.

2 Nudeln kochen. Olivenöl in einer Pfanne oder einem Schmortopf erhitzen.

3 Zwiebel würfeln und im Öl andünsten. Knoblauch pressen und dazugeben.

4 Geschälte Tomaten zerkleinern und mit dem Saft, dem Tomatenmark und dem Grünkernschrot zu den Zwiebeln geben. Mit den Gewürzen und Kräutern abschmecken und 10 Minuten schmoren lassen.

5 Zum Schluss die Sahne zugeben und noch einmal abschmecken. Zu den Nudeln servieren.

Ein Rezept von Familie Schlee aus Freudenstadt

ZUTATEN

400 g Nudeln
125 g Grünkern (grob geschrotet)
300 ml Wasser
2 EL Sojasoße
1 EL Olivenöl
1 Zwiebel
1 Knoblauchzehe
1 Dose geschälte Tomaten
1 EL Tomatenmark
Salz, Pfeffer, Thymian, Oregano, Basilikum
50 ml Sahne

ZUTATEN

500 g Nudeln, z.B. Spirelli
100 g Walnusskerne
100 g weiche Butter
4 EL frische Weißbrotkrumen (entspricht ca. 1 Scheibe Toast)
100 g Petersilie (frisch oder gefroren)
2 TL Salz, Pfeffer
8 EL Olivenöl
4 EL Crème fraîche
Walnusskerne und Schnittlauchröllchen zum Garnieren

NUDELN MIT WALNUSSCREME

1 Nudeln bissfest kochen und abgießen.

2 In der Zwischenzeit die Walnusskerne in der Küchenmaschine klein hacken, danach mit Butter, Brotkrumen und Petersilie pürieren.

3 Die Masse anschließend mit Salz, Pfeffer, Öl und Crème fraîche verrühren.

4 Zum Schluss die Walnusscreme im Topf unter die gekochten, heißen Nudeln rühren.

5 Mit Walnusskernen und Schnittlauchröllchen bestreuen.

Ein Rezept von Familie Weinert aus Dresden
Tipp: Keine Muschelnudeln verwenden, da sich bei diesen die Creme nicht gut verteilt, sondern in den Muschelmulden sammelt.

MANDEL-PASTA MIT FETA UND RUCOLA

1 Nudeln bissfest kochen. Schalotten hacken.

2 Rucola waschen.

3 Öl in einer Pfanne erhitzen.

4 Nudeln darin anbraten.

5 Schalotten dazugeben und 1 Minute mitbraten.

6 Mandeln unterheben und 2 Minuten anrösten, mit Salz und Pfeffer würzen.

7 Den Schafskäse zerbröseln und unter die Nudeln rühren.

8 Wenn der Käse geschmolzen ist, die Pfanne vom Herd nehmen und den Rucola unterheben.

Ein Rezept von Familie Wendland aus Bochum

ZUTATEN

400 g Nudeln, z.B. Penne
2 Schalotten
3 Handvoll Rucola
2 Esslöffel Pflanzenöl
130 g gemahlene Mandeln
Salz, Pfeffer
250 g Schafskäse

SPINAT-SPÄTZLE MIT TOMATEN

1 Spinat auftauen lassen. Mehl, Salz, Eier, Spinat und Gewürze zu einem Teig verrühren.
10 Minuten ruhen lassen. Teig mit einer Spätzlepresse portionsweise in kochendes Wasser drücken. Wenn die Spätzle an der Oberfläche schwimmen, mit einem Schaumlöffel herausnehmen und in eine Schüssel geben.

2 In einer großen Pfanne 1 EL Olivenöl erhitzen und die Spätzle darin anbraten. Den Mozzarella untermischen und kurz anschmelzen lassen.

3 Die Kirschtomaten waschen und halbieren. In einer weiteren Pfanne im restlichen Olivenöl anbraten, mit Salz und Pfeffer würzen und über die Spinatspätzle geben.

Ein Rezept von Familie Weilguni aus Amstetten

ZUTATEN

500 g Weizenmehl
1 TL Salz
5 Eier
300 g TK-Rahmspinat
Salz, weißer Pfeffer, Muskat
2 EL Olivenöl
250 g Mozzarella
250 g Kirschtomaten

ZUTATEN

500 g TK-Spinat
frische Pilze nach Bedarf
500 g Spaghetti
250 g Schafskäse
ein Schuss frische Sahne
Salz, Pfeffer, Muskatnuss, Fondor, Gemüsebrühe, Oregano, Thymian

SPINATPFANNE GRÜN-WEISS

1 Spinat auftauen lassen. Pilze putzen, in Scheiben schneiden und bei großer Hitze knusprig anbraten. Mit Salz, Pfeffer, evtl. Oregano/Thymian würzen.

2 Parallel die Spaghetti in ausreichend Salzwasser bissfest kochen.

3 Schafskäse würfeln.

4 Wenn die Pilze fertig sind, den aufgetauten Spinat dazugeben. Anschließend würzen und einen Schuss Sahne dazugeben. Einmal aufkochen lassen. Den gewürfelten Schafskäse darübergeben, bis er ein wenig zerfließt. Mit den Spaghetti servieren.

Ein Rezept von Familie Wendel aus Wetter
Tipps: Statt Schafskäse kann man Gouda, Parmesan oder Emmentaler nehmen. Wer keine Pilze mag, kann Mais nehmen oder auf das zweite Gemüse verzichten.

SCHUPFNUDELPFANNE MIT SPINAT UND KICHERERBSEN (VEGAN)

1 In einer großen Pfanne 2 EL Rapsöl erhitzen und die Schupfnudeln darin anbraten, mit Salz und Pfeffer würzen.

2 In einer weiteren Pfanne das restliche Öl erhitzen. Zwiebel würfeln und darin andünsten.

3 Spinat waschen und abtropfen lassen. Zur Zwiebel geben und so lange dünsten, bis er zusammengefallen ist. Kichererbsen dazugeben und mit Salz, Pfeffer, Paprika und Kreuzkümmel würzen.

4 Die Spinat-Kichererbsen-Mischung zu den Schupfnudeln geben und verrühren. Eventuell nachwürzen und servieren.

Ein Rezept von Familie Wendland aus Bochum

ZUTATEN

2 Packungen Schupfnudeln à 500 g
4 EL Rapsöl
1 Zwiebel
250 g frischer Spinat
1 Dose Kichererbsen (ca. 265 g)
Salz, Pfeffer, Paprika, Kreuzkümmel

SPINATKNÖDEL

ZUTATEN

500 g altbackene Brötchen
(alternativ: Knödelbrot)
300 ml Milch
1.350 g Spinat oder Mangold
(alternativ junger gehackter TK-Spinat)
30 g Butter
1–2 Zwiebeln
3–4 Eier
Salz, Pfeffer, Muskat
5 EL Mehl
etwa 170 g Parmesan
etwas Butter

1 Die Brötchen würfeln, in eine Schüssel geben und mit der Milch übergießen.

2 Spinat oder Mangold kochen, gut ausdrücken und passieren. (Alternativ TK-Spinat nach Packungsanleitung auftauen und 2 Minuten kochen lassen.)

3 Butter zerlassen und klein gehackte Zwiebeln darin anschwitzen. Zwiebeln zum Spinat geben und etwas abkühlen lassen.

4 Eier und Spinat zu den Brötchenwürfeln geben und vermengen. Mit Salz, Pfeffer und 1 Prise Muskat würzen, Mehl dazugeben. Gut vermischen und Knödel formen. In kochendes Salzwasser geben und 15–20 Minuten leicht kochen. Herausnehmen, in Parmesan wenden und Butterflöckchen darauf verteilen.

Ein Rezept von Familie Kuhn aus Kohlberg

KARTOFFEL-EIER-CURRY

ZUTATEN

8 Eier
2 Zwiebeln
500 g Kartoffeln
(vorwiegend festkochend)
1 EL Öl
1–3 EL mildes Currypulver
1 l Gemüsebrühe
2 EL Tomatenmark
3 EL Mango-Chutney
Salz

1 Eier hart kochen.

2 Zwiebeln schälen und fein würfeln.

3 Kartoffeln schälen und in ca. 2 cm große Würfel schneiden.

4 Zwiebeln im Öl glasig dünsten und das Currypulver dazugeben.

5 Gemüsebrühe zugießen, Kartoffeln zugeben und in der Sauce ca. 10 Minuten weich kochen. Tomatenmark und Mango-Chutney einrühren, mit Salz abschmecken.

6 Eier pellen und in die Sauce legen. Dazu schmeckt Basmatireis.

Ein Rezept von Familie Nesgaard aus München
Tipp: Unsere Kinder mögen (noch) keine Zwiebeln. Daher brate ich die Zwiebeln mit etwas Curry separat für die Erwachsenen an. Dann die Kartoffeln direkt im Öl anbraten und Currypulver dazugeben.

LINSEN-SPINAT-CURRY (VEGAN)

1 Die Linsen in ein Sieb geben und unter kaltem Wasser abspülen, abtropfen lassen.

2 Die Zwiebel würfeln und in einem Topf in 1 EL Öl andünsten. Knoblauch und Ingwer fein würfeln und zu den Zwiebelwürfeln geben, kurz mitdünsten. Kreuzkümmel und Kurkuma darüberstreuen und kurz anbraten.

3 Die Linsen dazugeben. Mit Kokosmilch und 450 ml Wasser angießen. Aufkochen lassen und 12 Minuten garen, dabei immer wieder umrühren.

4 In der Zwischenzeit den Spinat waschen und abtropfen lassen. 1 EL Öl in einer Pfanne erhitzen. Garam Masala darin anschwitzen, den Spinat dazugeben und zusammenfallen lassen.

5 Den Spinat unter das Curry mischen, mit Salz und Zitronensaft abschmecken.

Ein Rezept von Familie Wendland aus Bochum

ZUTATEN

250 g rote Linsen
1 Zwiebel
2 EL Öl
2 Knoblauchzehen
1 Stück Ingwer (ca. 3 cm)
Je 1/2 TL Kreuzkümmel und Kurkuma (gemahlen)
1 Dose Kokosmilch (400 g)
250 g Babyspinat
1 TL Garam Masala (indische Gewürzmischung)
Salz
2 TL Zitronensaft

DAZU PASST:

INDISCHES NAAN-BROT

1 Milch in eine Schüssel gießen, 1/2 EL Zucker und Hefe unterrühren. An einem warmen Ort ca. 10 Minuten ruhen lassen.

2 Das Mehl in eine Rührschüssel geben, 1/2 TL Salz und Backpulver untermischen. 2 EL Zucker, die Milch mit der aufgelösten Hefe, 2 EL Öl, den leicht geschlagenen Joghurt und das leicht geschlagene Ei zufügen. Den Teig gut durchkneten, bis er glatt und geschmeidig ist. 1/4 TL Öl in eine Schüssel geben und die Teigkugel darin herumrollen. Die Schüssel abdecken und den Teig an einem warmen Ort 1 Stunde gehen lassen, sodass er sich verdoppelt.

3 Den Teig erneut durchkneten. Jeweils etwa eine Handvoll Teig auf einer mehlbedeckten Fläche zu einem Fladen ausrollen.

4 Eine beschichtete Pfanne heiß werden lassen, wenig Öl darin erhitzen und die Fladen darin ausbacken. Warm servieren!

Ein Rezept von Familie Wendland aus Bochum

ZUTATEN

150 ml lauwarme Milch
2 1/2 EL Zucker
1 Würfel Hefe
500 g Mehl
1 TL Backpulver
Salz
ca. 5 EL Öl
150 ml Vollmilchjoghurt
1 Ei
Mehl zum Ausrollen

ERDNUSSREIS (VEGAN)

1 Den Reis mit zwei Tassen Wasser und etwas Gemüsebrühepulver kochen.

2 Zwiebel und Räuchertofu würfeln, in einer Pfanne in Öl anbraten.

3 Erdnussmus, Sojasauce und Agavendicksaft mit einer Tasse Wasser glattrühren und in die Pfanne geben.

4 Erbsen und Mais zugeben und alles einmal aufkochen.

5 Den gekochten Reis untermischen. Mit Erdnüssen bestreut servieren.

Ein Rezept von Familie Rhein aus Lörrach

Tipp: Erdnussmus gibt es im Drogerie- oder Bioladen.
Es ist flüssiger und weniger süß als Erdnussbutter.

ZUTATEN

1 Tasse Reis
Gemüsebrühepulver
1 Zwiebel
1 Packung Räuchertofu (ca. 175 g)
Öl
4 EL Erdnussmus
2 EL Sojasauce
1 Spritzer Agavendicksaft
150 g Erbsen aus der Dose
1 Dose Mais (330 g)
1 Handvoll frische Erdnüsse

MÖHREN-RISOTTO

1 Zwiebel würfeln und in Butter andünsten.

2 Möhren reiben und mitdünsten.

3 Den Reis dazugeben und unter Rühren glasig dünsten. Nach und nach Wasser oder Brühe hinzufügen, mit Salz und Pfeffer würzen.

4 Etwa 20 Minuten bei geringer Hitze weich kochen.

5 Mit etwas geriebenem Käse und Kräutern verfeinern.

Ein Rezept von Familie Mann aus Sehmatal/Cranzahl

Tipp: Anstelle der Möhren kann man auch Pilze oder Zucchini verwenden.

ZUTATEN

1 Zwiebel
1 EL Butter
3–5 Möhren (je nach Größe)
250 g Milchreis oder Risottoreis
ca. 1 Liter Wasser oder Brühe
Salz, Pfeffer, Kräuter
geriebener Käse

ROSINEN-MÖHREN

ZUTATEN

250 g Vollkornreis
800 g Möhren
200 ml Wasser
20 g Butter
150 g Rosinen
400 g Zwiebeln
Salz, Pfeffer, Curry

1 Den Reis nach Packungsanleitung garen.

2 Die Möhren schälen und in 1/2 bis 1 cm dicke Scheiben schneiden. Zusammen mit dem Wasser und der Hälfte der Butter in einen Topf geben und leicht köcheln lassen.

3 In der Zwischenzeit Rosinen waschen und zur Seite stellen.

4 Die Zwiebeln schälen, in dünne Ringe schneiden und mit der restlichen Butter in einer Pfanne unter Rühren goldbraun braten.

5 Wenn die Möhren noch leicht bissfest sind, den Topf zur Seite nehmen. Rosinen dazugeben und das Ganze mit Salz, Pfeffer und reichlich Curry würzen und etwas durchziehen lassen.

6 Reis, Möhren und Zwiebeln zusammen auf einem Teller anrichten und servieren.

Ein Rezept von Familie Rentsch aus Gera

ZUTATEN

1 EL Öl
1 Zwiebel oder Schalotte
2 Knoblauchzehen
2 Dosen Tomaten in Stücken (à 400 g)
3 EL Ahornsirup
1 Glas/Dose weiße Bohnen (Abtropfgewicht ca. 460 g)
5 EL Tomatenmark
Salz, Pfeffer, Thymian
Baguette oder Ciabatta

BAKED BEANS (VEGAN)

1 Öl in einer großen Pfanne erhitzen.

2 Zwiebel und Knoblauch würfeln, im Öl andünsten.

3 Dosentomaten und Ahornsirup dazugeben und fünf bis zehn Minuten einkochen lassen.

4 Weiße Bohnen abtropfen lassen und mit dem Tomatenmark in die Pfanne geben. Mit Salz, Pfeffer und Thymian würzen. Noch einmal etwa fünf bis zehn Minuten köcheln lassen.

5 Mit Baguette oder Ciabatta servieren.

Ein Rezept von Familie Bürki aus Thun

VEGETARISCHES CHILI

1 Bulgur in 250 ml heißem Wasser 10 Minuten quellen lassen.

2 Zwiebeln und Knoblauch fein hacken. Öl in einem großen Topf erhitzen und Zwiebelwürfel 10 Minuten bei schwacher Hitze rösten, dabei häufig umrühren, bis sie weich und goldbraun sind. Knoblauch und Chilipulver hinzufügen und unter Rühren 1 Minute rösten.

3 Tomaten, Brühe und Bulgur hinzufügen. Aufkochen und 10 Minuten köcheln lassen.

4 Bohnen, Mais und Tomatenmark unterrühren und 20 Minuten köcheln lassen, dabei häufig umrühren. Mit Salz und Pfeffer abschmecken.

5 Mit Baguette und saurer Sahne servieren.

Ein Rezept von Familie Schwitzgebel aus Dahn
Tipp: Mit der Chilibeigabe kann man variieren, je nachdem, wie scharf man's mag.

ZUTATEN

130 g Bulgur
1 große Zwiebel
2 Knoblauchzehen
2 EL Olivenöl
1 TL Chilipulver
2 Dosen gehackte Tomaten (à 400 g)
750 ml Gemüsebrühe
1 Dose Kidneybohnen (440 g)
1 Dose Mais (310 g)
2 EL Tomatenmark
Pfeffer, Salz
Baguette
saure Sahne

PAPRIKA-HIRSE-PFANNE (VEGAN)

1 Zwiebel und Paprika würfeln und in dem heißen Öl in einer Pfanne andünsten.

2 Passierte Tomaten und Gemüsebrühe dazugeben und aufkochen lassen.

3 Die Hirse in einem Sieb waschen und dazugeben. Bei schwacher Hitze 20 bis 30 Minuten quellen lassen.

4 Ajvar dazugeben und unterrühren.

Ein Rezept von Familie Wendland aus Bochum
Tipps: Beim Einkaufen drauf achten, dass man das milde Ajvar erwischt.
Wenn keine Kinder mitessen, darf es natürlich auch das scharfe sein.
Wer mag, kann noch Erbsen hinzufügen.

ZUTATEN

1 Zwiebel
2 Paprikaschoten
2 EL Öl
700 g passierte Tomaten
300 ml Gemüsebrühe
200 g Hirse
5 EL mildes Ajvar (Paprikapaste)

BOHNEN-FRITTATA

1 Die Bohnen waschen, putzen und schräg in 3 cm lange Stücke schneiden. In einer beschichteten großen Pfanne 1 EL Olivenöl erhitzen und die Bohnen darin bei mittlerer Hitze 5 Minuten dünsten. Mit Salz und Pfeffer würzen.

2 In der Zwischenzeit Eier und Milch verschlagen, den Schafskäse untermengen und mit etwas geriebener Muskatnuss sowie Salz und Pfeffer würzen.

3 Das restliche Öl in die Pfanne geben, die Eiermasse gleichmäßig über die Bohnen verteilen und zugedeckt bei kleiner Hitze etwa 12 Minuten stocken lassen, bis auch die Oberseite fest ist. Die Frittata herausnehmen und in Tortenstücke schneiden.

Ein Rezept von Familie Spohn aus Engstingen

Tipp: Schmeckt sowohl warm als auch kalt. Dazu passt Ketchup!

ZUTATEN

600 g grüne Bohnen
4 EL Olivenöl
Salz, Pfeffer
6 Eier
6 EL Milch
6 EL zerbröselter Schafskäse
geriebene Muskatnuss

KARTOFFEL-ZWIEBEL-RÖSTI

ZUTATEN
(FÜR 2-3 PERSONEN)

ca. 750 g Kartoffeln
1 große Zwiebel
Salz, Muskat
1 EL Mehl
4 EL Öl
1 Knoblauchzehe
250 g Joghurt
2 EL frisch gehackte Kräuter, z. B. Schnittlauch, Dill, Petersilie (alternativ TK-Kräuter)
Pfeffer

1 Kartoffeln schälen und raspeln. In einem Sieb oder Küchentuch gut auspressen. Zwiebel in feine Streifen schneiden. Kartoffelraspel mit der Zwiebel, dem Salz, Muskat und Mehl mischen.

2 2 EL Öl in eine große Pfanne geben und heiß werden lassen. Auf mittlere Hitze stellen und die Kartoffelmischung in die Pfanne geben und flachdrücken. Etwa 10 Minuten braten. Zum Wenden einen großen Teller kopfüber auf die Pfanne legen und beides mit Schwung umdrehen. 2 EL Öl in der Pfanne erhitzen und die Rösti auf der zweiten Seite etwa 8 Minuten braten.

3 Knoblauchzehe pressen und mit dem Joghurt und den Kräutern verrühren. Mit Salz und Pfeffer abschmecken. Den Kräuterjoghurt zur Rösti servieren.

Ein Rezept von Familie Wendland aus Bochum

ZUTATEN

400 g Karotten
1/2 Bund Frühlingszwiebeln
6 Eier
60 ml Sahne oder Milch
Salz/Gemüsebrühepulver, Pfeffer
Kräuter nach Geschmack, z. B. Kerbel oder Petersilie
3 EL Butter

MÖHREN-OMELETTE

1 Karotten waschen und in dünne Scheiben hobeln (nach Geschmack vorher schälen).

2 Das Weiße der Frühlingszwiebeln in feine Ringe schneiden.

3 Eier aufschlagen. Sahne oder Milch unterrühren und Gewürze zugeben.

4 Kräuter hacken, das Grüne der Frühlingszwiebeln in Röllchen schneiden. Einen Teil der gehackten Kräuter und des grünen Teils der Frühlingszwiebeln zur Eiermischung geben.

5 Karotten und das Weiße der Frühlingszwiebeln einige Minuten in der Butter anbraten.

6 Die Eiermischung über die Karotten-Zwiebel-Mischung geben und zugedeckt bei schwacher Hitze 5–10 Minuten stocken lassen.

7 Zum Schluss mit den restlichen Kräutern garnieren und servieren.

Ein Rezept von Familie Piehler aus Ulm

Tipp: Reste des Omelettes bereichern in Würfel geschnitten jeden Blattsalat und viele Suppen.

VOLLKORN-TORTILLA-WRAPS MIT KUNTERBUNTER FÜLLUNG (VEGAN)

1 In einer Schüssel Vollkornmehl und Salz miteinander vermengen. Olivenöl und Wasser dazugeben und alles gut durchkneten. Den Teig zugedeckt 20 Minuten ruhen lassen. Währenddessen kann schon die Füllung vorbereitet werden.

2 Den Teig nun in 10 gleich große Stücke teilen und dünn ausrollen. Ein Geschirrtuch anfeuchten, auswringen, einmal zusammenfalten und auf einen großen Teller legen.

3 In einer heißen Pfanne die Teigfladen ausbacken. Es wird kein Öl benötigt und es geht sehr schnell: Nur 1/2–1 Minute je Seite. Fertig gebackene Fladen zwischen die Handtuchhälften legen, um sie warm und flexibel zu halten.

4 Am Tisch die Tortillas nach Belieben füllen und zu einem Wrap zusammenrollen. Dabei erst unten einschlagen, danach die beiden Seiten.

ZUTATEN FÜR TORTILLA-FLADEN (10 STÜCK)

400 g Dinkel-Vollkornmehl
2 gestr. TL Salz
2 EL Olivenöl
200 ml Wasser
etwas Mehl zum Ausrollen

DIPS

Guacamole: Avocado mit der Gabel zerdrücken, mit Zitronensaft, Zwiebel, Salz und Pfeffer mischen

Hummus: Kichererbsen, Zitronensaft, Knoblauch pürieren mit Petersilie, Salz und Pfeffer würzen

Zaziki: Sojajoghurt, Gurkenraspel, Knoblauch, Salz und Pfeffer vermischen

Mandel-Majo: weißes Mandelmus und Wasser (1:1) glattmixen und mit Senf, weißem Balsamico-Essig, Zitronensaft und Salz abschmecken

FÜLLUNGEN

Buntes Gemüse: Tomaten, Paprika, Gurke, Möhren, Rotkohl, rote Zwiebel

Grünzeug: Blattsalate, Babyspinat, Rucola, Kräuter (z. B. Petersilie oder Schnittlauch), Wildkräuter (z. B. Giersch oder Vogelmiere), Sprossen (z. B. Kresse oder Alfalfa)

EXTRAS

Aus dem Glas: Mais, (Kidney-)Bohnen, Kichererbsen

Angebraten: Champignons, Brokkoli, Zucchini, Kürbis

Geröstet: Sonnenblumen-, Kürbis- oder Pinienkerne, Walnüsse

(veganer) Reibekäse

Tofu-Hack mit roten Zwiebelwürfeln anbraten und mit Tomatenmark abschmecken.

Ein Rezept von Familie Cramer aus Gummersbach
Tipp: Das sind unsere zwei Lieblings-Kombinationen:
Easy Tex Mex: Tofu-Hack anbraten (siehe Extras). Mais, Kidneybohnen, Paprika und Tomatenwürfel ergänzen. Dazu gibt's Zaziki und „Kinder-Knacksalat" (Eisbergsalat).
Die „So-mögen-wir-Brokkoli-und-Zucchini-Füllung": Brokkoliröschen, braune Champignons und Zucchinistifte anbraten. Schnittlauch-Mandel-Majo einrühren. Dazu gibt's geröstete Walnüsse und Feldsalat.

LINSEN MIT PILZEN

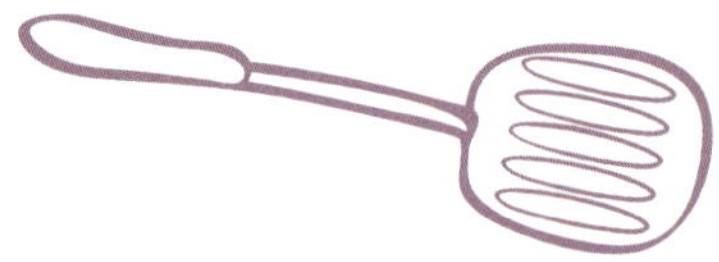

1 Die Linsen in gut 1 l Wasser etwa 10 Minuten kochen.

2 Zwiebeln würfeln, Champignons in Scheiben schneiden. Zusammen in Olivenöl anbraten, bis die Pilze weich sind.

3 Kidneybohnen dazugeben und kurz mitbraten.

4 Linsen und Pilze mischen und mit Pfeffer, Sojasoße und etwas Salz würzen.

Ein Rezept von Familie Wendland aus Bochum

ZUTATEN

400 g rote Linsen
2 mittelgroße Zwiebeln
500 g Champignons
2 EL Olivenöl
200 g Kidneybohnen
Salz, Pfeffer, Sojasoße

SHIITAKE-GEMÜSE-PFANNE

ZUTATEN

60 g Weizenkörner
125 ml Gemüsebrühe
2 EL Sojasoße
200 g Möhren
1 Kohlrabi
200 g möglichst kleine Zucchini
400 g Shiitake-Pilze
2 EL Butter
Salz, schwarzer Pfeffer
Zitronensaft
1 Knoblauchzehe
1 Kästchen Kresse

1 Weizenkörner über Nacht in kaltem Wasser einweichen, abtropfen lassen, in Brühe und Sojasoße etwa 15 Minuten kochen.

2 Möhren und Kohlrabi schälen und klein würfeln.

3 Zucchini waschen, vom Stielansatz befreien, längs vierteln und in Stücke schneiden.

4 Shiitake-Pilze mit Küchenpapier abreiben, von dickeren Stielen befreien, in Butter kurz und kräftig andünsten.

5 Gemüse dazugeben, mit Salz, Pfeffer und Zitronensaft würzen. Knoblauchzehe abziehen, pressen und dazugeben. Gemüse ca. 5 Minuten schmoren.

6 Weizenkörner mit der Hälfte der Brühe hinzufügen, weitere 7 Minuten schmoren, evtl. nochmals mit Salz, Pfeffer und Zitronensaft abschmecken.

7 Kresse schneiden, über das Gemüse geben und umrühren.

Ein Rezept von Familie Spohn aus Engstingen

PILZRAGOUT

ZUTATEN

700 g gemischte Pilze, z. B. Champignons, Austernpilze, Pfifferlinge, Shiitake
1 Bund Frühlingszwiebeln
5 EL Sonnenblumenöl
300 ml Schlagsahne
150 ml Gemüsebrühe
Salz, Pfeffer, Petersilie

1 Pilze putzen, mit Küchenpapier abreiben, in Stücke oder Scheiben schneiden.

2 Frühlingszwiebeln putzen, waschen und in Röllchen schneiden.

3 Sonnenblumenöl erhitzen, die Pilze darin in Portionen kräftig anbraten.

4 Schlagsahne und Gemüsebrühe hinzufügen und zum Kochen bringen.

5 Die Frühlingszwiebeln hinzugeben und 1–2 Minuten mitgaren lassen. Mit Salz und Pfeffer abschmecken. Zum Servieren die gehackte Petersilie darüber streuen.

Ein Rezept von Familie Spohn aus Engstingen

Tipp: Als Beilage schmecken Nudeln oder in Scheiben geschnittene Serviettenknödel.

ZUTATEN

400 g Tofu
5 EL Sojasoße
100 g Sesam
4 EL Öl

SESAMTOFU (VEGAN)

1 Den Tofu abtropfen lassen und in ca. 1 cm dicke Scheiben schneiden.

2 Sojasoße und Sesam in jeweils einen tiefen Teller geben.

3 Öl in einer Pfanne erhitzen. Den Tofu kurz in der Sojasauce marinieren, dann im Sesam wenden. Im heißen Öl 3–5 Minuten von jeder Seite braten.

Ein Rezept von Familie Wendland aus Bochum

KNUSPRIGE TOFUSCHNITZEL (VEGAN)

1 Tofu in max. 1,5 cm dicke Scheiben schneiden und mehrere Stunden (oder über Nacht) in der Sojasoße ziehen lassen

2 Tofu wenig würzen, mit viel Senf bestreichen, mit Paniermehl bestreuen, anbraten.

Ein Rezept von Familie Birrer aus Luthern
Tipps: Genug Öl verwenden, vorsichtig in der Pfanne bewegen und nur einmal wenden, damit sich die Panade nicht ablöst. Zusätzlich kann Sesam zum Paniermehl gegeben werden.

ZUTATEN

400 g Tofu
5 EL Sojasoße
Senf
Paniermehl
Öl zum Braten

TOFU MIT AJVAR (VEGAN)

ZUTATEN

400 g Tofu
4 EL Ajvar (mild)
1 EL Ahornsirup oder Agavendicksaft
Salz, Pfeffer
2 EL Öl

1 Den Tofu abtropfen lassen und in ca. 1 cm dicke Scheiben schneiden.

2 Ajvar mit Sirup, Salz und Pfeffer mischen.

3 Tofuscheiben über Nacht oder zumindest für ein paar Stunden in der Marinade einlegen.

4 Öl in einer Pfanne erhitzen und Tofuscheiben bei kleiner bis mittlerer Hitze anbraten.

Ein Rezept von Familie Wendland aus Bochum

LINSEN-KOFTAS MIT DREIERLEI DIPS

KOFTAS

1 Zwiebel
2 Karotten
2 Selleriestangen
1 Peperoni
2 Knoblauchzehen
6 EL Öl
2–5 TL Currypulver oder -paste
225 g rote Linsen
550 ml Gemüsebrühe
2 EL Tomatenmark
125 g Semmelbrösel
90 g ungesalzene Cashewkerne
2 EL Koriander, alternativ Petersilie
1 Ei
Garam Masala
(indische Gewürzmischung)
Salz, Pfeffer

MANGO-DIP

250 ml Joghurt
2 EL Mango-Chutney
Salz, Koriander

SENF-HONIG-DIP

100 g Crème fraîche oder Schmand
1 EL Joghurt
1 TL Senf
1 TL Honig
Salz, Pfeffer
1 EL gerösteter Sesam

MINZE-DIP

250 ml Joghurt
1–3 TL Kreuzkümmel
Salz
Minze nach Geschmack,
frisch oder aus dem Teebeutel

1 Zwiebel, Karotten, Selleriestangen und Peperoni fein schneiden, Knoblauch pressen oder fein hacken.

2 Öl im Topf erhitzen, Zwiebel darin dünsten. Karotte, Sellerie, Knoblauch und Peperoni zugeben und einige Minuten unter Rühren anbraten.

3 Curry und Linsen zugeben, eine Minute unter Rühren braten. Gemüsebrühe und Tomatenmark zugeben, aufkochen lassen und dann 20 Minuten bei geringer Temperatur köcheln lassen. Anschließend abkühlen lassen.

4 Cashewkerne und Koriander hacken.

5 Nach 30–60 Minuten Abkühlzeit Semmelbrösel, Cashewkerne, Koriander und Ei unterheben und mit den Gewürzen abschmecken. Nochmal etwas ziehen lassen. Nach Bedarf weitere Semmelbrösel zugeben oder ein wenig Wasser.

6 Aus der Masse Bällchen mit ca. 2 cm Durchmesser formen – mit nassen Händen oder einem Kaffeemaß (nach jeder Kugel Kaffeemaß in ein Wasserglas tauchen und abtropfen lassen). Bällchen auf ein gefettetes Backblech setzen und mit etwas Öl beträufeln.
Im vorgeheizten Ofen bei 180 Grad Umluft 15–20 Minuten backen.

* Für den Mango-Dip Joghurt mit Mango-Chutney vermischen, mit Koriander und Salz abschmecken.

* Für den Senf-Honig-Dip Crème fraîche, Joghurt, Senf und Honig verrühren. Mit Salz und Pfeffer abschmecken. Sesam unterheben.

* Für den Minze-Dip Joghurt, Minze, Kreuzkümmel und Salz mischen, abschmecken.

Zum Schluss Koftas mit Garam Masala bestreuen und mit den Dips servieren. Dazu passt Reis.

Ein Rezept von Familie Piehler aus Ulm

ERDNUSSTALER

ZUTATEN
(FÜR 2-3 PERSONEN)

200 g gesalzene Erdnüsse
1 Zwiebel
1 EL Butter
150 g Quark
2 Eier
3 EL Mehl
1/2 TL Backpulver
1 TL Currypulver
Pfeffer, Kräuter
Öl zum Ausbacken

1 Erdnüsse fein hacken, Zwiebel fein würfeln.

2 Butter in einer Pfanne erhitzen und Erdnüsse und Zwiebel darin anrösten. In eine große Schüssel geben und etwas abkühlen lassen.

3 Erdnüsse, Quark, Eier, Mehl und Backpulver glattrühren und mit Pfeffer und Kräutern würzen.

4 Öl in der Pfanne erhitzen. Aus dem Teig kleine Taler formen und von beiden Seiten bei mittlerer Hitze ausbacken.

Ein Rezept von Familie Mann aus Sehmatal/Cranzahl
Tipp: Dazu schmeckt Polenta (Maisbrei) oder Kartoffelbrei und Salat.

SPAGHETTIPUFFER

IDEAL ZUR RESTEVERWERTUNG VON NUDELN

1 Die Spaghetti mit einer Schere klein schneiden.

2 In einer Schüssel mit den übrigen Zutaten außer dem Öl mischen.

3 Das Öl in einer Pfanne erhitzen. Mit einem Esslöffel die Nudelmasse in kleinen Häufchen in die Pfanne geben, flachdrücken und von jeder Seite ca. 3 Minuten braten, bis sie gebräunt sind.

Ein Rezept von Familie Wendland aus Bochum

Tipps: Dazu passt ein Tomatensalat. Lecker dazu ist auch eine mexikanische Salsa. Statt der Spaghetti kann man auch andere gekochte Nudeln nehmen, z. B. Risoni oder Suppennudeln.

ZUTATEN

300 g gekochte Spaghetti
2 EL Schmand
3 Eier
2 EL Mehl
3 EL Mais
Salz, Pfeffer, Kräuter
Öl zum Braten

ITALIENISCHE KRÄUTERKÜCHLEIN

ZUTATEN

400 g Kartoffeln
75 g Mehl
125 g geriebener Parmesan
1 Ei
1 EL Petersilie
2 Salbeiblätter
Salz, Pfeffer
1 Prise Muskat
80 g Mozzarella
Öl zum Ausbacken

1 Kartoffeln kochen und pellen und noch heiß durch die Kartoffelpresse drücken. Abkühlen lassen.

2 Zu den abgekühlten Kartoffeln Mehl, Parmesan sowie das Ei geben, zu einem glatten Teig verarbeiten.

3 Petersilie und Salbei hacken und mit den Gewürzen untermengen. Mozzarella würfeln.

4 Aus dem Teig Küchlein formen, in jedes einen Würfel Mozzarella drücken, dabei darauf achten, dass der Mozzarellawürfel ganz mit Teig umhüllt ist.

5 In heißem Öl beidseitig goldgelb backen.

Ein Rezept von Familie Kuhn aus Kohlberg

GEMÜSE-KÄSE-LAIBCHEN

IDEAL ZUR RESTEVERWERTUNG VON BROT UND GEMÜSE

ZUTATEN

100 g Vollkorntoast oder altbackenes Mehrkornbrot
60 g würziger Käse
150 g Gemüse, z. B. Möhren, Pastinaken, Kürbis, Zucchini, Kohlrabi (roh oder gekocht)
1 EL Vollkornmehl
1 Ei
Salz, Pfeffer, Muskat
Petersilie oder andere Kräuter
2 EL Öl

1 Vollkorntoast würfeln und mit ca. 80 ml kochendem Wasser übergießen. Bei Verwendung von altbackenem Brot dies mit ca. 120 ml kochendem Wasser übergießen und aufquellen lassen. Anschließend in Stücke schneiden oder zupfen.

2 Den Käse reiben, das Gemüse klein schneiden oder grob raspeln.

3 Käse, Gemüse, Mehl, Ei, Gewürze und Kräuter zur Brotmasse geben und vermischen.

4 Öl in einer Pfanne erhitzen. Mit einem Löffel Portionen aus der Masse ausstechen und in die Pfanne geben. Flach drücken. Zugedeckt braten, bis die Laibchen stocken und am Boden braun werden (etwa 5–10 Minuten). Umdrehen und ohne Deckel auf der zweiten Seite bräunen (1–2 Minuten).

Ein Rezept von Familie Wendland aus Bochum

KICHERERBSENPUFFER

ZUTATEN

2 Dosen Kichererbsen (à ca. 260 g Abtropfgewicht)
100 g Mehl
2 TL Backpulver
4 Eier
Salz, Pfeffer
150 g Schafskäse
Rapsöl

1 Die Kichererbsen abtropfen lassen.

2 Mehl mit Backpulver mischen.

3 Eier unterrühren. Mit Salz und Pfeffer würzen.

4 Schafskäse zerbröseln und mit den Kichererbsen unter den Teig mischen. Grob pürieren.

5 Öl in einer oder besser zwei Pfannen erhitzen. Mit einem Esslöffel Teig in die Pfanne geben und platt drücken. Pro Seite ca. 3 Minuten braten, bis die Puffer schön braun sind.

Ein Rezept von Familie Schulze aus Recklinghausen

Tipp: Die Puffer werden schön fluffig, sie schmecken gut zu Rahmspinat und/oder gebratenen Pilzen.

HAFERFLOCKENPUFFER

1 Die Haferflocken in der Milch aufkochen. Topf vom Herd nehmen und etwas abkühlen lassen.

2 Möhre schälen und raspeln, Zwiebel/Schalotte fein würfeln, Käse ebenfalls raspeln. Alles zusammen mit den Eiern unter die Haferflockenmasse rühren. Mit Gewürzen und Kräutern abschmecken.

3 Öl in einer Pfanne erhitzen. Mit einem Esslöffel Portionen in die Pfanne geben und platt drücken. Von beiden Seiten goldbraun braten.

Ein Rezept von Familie Bürki aus Thun

Tipp: Dazu passt ein Schmand-Kräuter-Dip.

ZUTATEN

180 g grobe Haferflocken
270 ml Milch
1 Möhre
1 kleine Zwiebel oder Schalotte
80 g Gouda
2 Eier
Salz, Pfeffer, Paprika, Kräuter der Provence
2 EL Öl

ZUTATEN

6 Chicorée
2 Schalotten
3 Fleischtomaten
Olivenöl
2 EL Tomatenmark
Salz, Zucker, Pfeffer, Oregano, Basilikum, Petersilie
50 ml Rotwein
(alternativ: Apfelsaft oder roter Traubensaft mit einem Schuss Balsamico-Essig)
100 g geriebener Emmentaler

CHICORÉE-TOMATEN-GRATIN

1 Chicorée waschen, der Länge nach halbieren und den mittleren Strunk entfernen. Man kann sie als Hälften verwenden oder in kleine Stücke schneiden.

2 Schalotten und Tomaten fein würfeln. Öl in einem Topf erhitzen, Tomaten- und Schalottenwürfel dazugeben und köcheln lassen. Das Tomatenmark einrühren, würzen. Rotwein oder Saft-Essig-Gemisch dazugeben und alles 5 Minuten kochen lassen.

3 Die Tomatensoße in eine Auflaufform geben, Chicorée darauf verteilen und mit Käse bestreuen. Im vorgeheizten Backofen bei 180 Grad ca. 15–20 Minuten überbacken. Mit Weißbrot, Reis oder Nudeln servieren.

Ein Rezept von Familie Wendel aus Wetter

Tipps: Chicorée darf nur ganz kurz ins Licht, sonst verfärbt er sich und wird schnell ungenießbar. In ein feuchtes Küchentuch eingewickelt bleibt Chicorée im Kühlschrank eine Woche frisch. Wenn es schnell gehen soll, kann man auch gehackte Tomaten aus der Dose verwenden.

KARTOFFEL-BROKKOLI-GRATIN

1 Kartoffeln schälen und in kleine Würfel (1x1cm) schneiden. Die Möhren in feine Scheiben schneiden, vom Brokkoli die Röschen abschneiden und klein zupfen, die Stängel und eventuelle Blättchen sehr klein schneiden, das Harte und Spelzige nicht verwenden.

2 Sahne und Milch in einem Topf mit Salz, Pfeffer und Muskatnuss erwärmen. Kartoffeln und das Gemüse zur Sahne-Milch-Mischung geben und 15 Minuten köcheln lassen.

3 4 Gratinförmchen oder eine flache Auflaufform etwas ausfetten und die Kartoffel-Gemüse-Mischung darin verteilen. Mit dem geriebenen Käse und den Sonnenblumenkernen bestreuen.

4 Im Backofen bei 180 Grad ca. 10–12 Minuten überbacken.

Ein Rezept von Familie Fischer aus Hanau

Tipps: Bunter wird es, wenn man noch etwas Mais und klein geschnittene getrocknete Tomaten hinzugibt. Vegan wird es, wenn man statt der Sahne-Milch-Mischung Soja- oder Hafermilch verwendet und auf den Käse verzichtet. Dann etwas Öl drüber tröpfeln und max. 10 Minuten gratinieren.

ZUTATEN

400 g Kartoffeln
2 mittelgroße Möhren
300 g Brokkoli
100 ml Sahne
400 ml Milch
Pfeffer, Salz,
geriebene Muskatnuss
Butter/Margarine für die Form
100 g geriebener Bergkäse
(oder mildere Sorte nach Geschmack)
Sonnenblumenkerne

ZUTATEN

750 g festkochende Kartoffeln
250 g Zucchini
250 g Tomaten
1 Zwiebel
Butter/Margarine für die Form
200 g Schafskäse
Kräutersalz, Pfeffer, Paprika, Schnittlauchröllchen, Thymian und Basilikum
100 g geriebener Gouda
250 g Crème fraîche
3 Eier

KARTOFFEL-ZUCCHINI-GRATIN

1 Kartoffeln kochen und pellen.
Anschließend Kartoffeln, Zucchini, Tomaten und Zwiebel in dünne Scheiben schneiden.

2 Zuerst einen Teil der Kartoffeln auf den Boden einer gefetteten Auflaufform legen. Nacheinander Zucchini, Tomaten, Zwiebel und zerbröckelten Schafskäse schichten. Zwischen die einzelnen Lagen Gewürze sowie klein gehackte Kräuter streuen.
So lange in dieser Reihenfolge fortfahren, bis alle Zutaten aufgebraucht sind. Darauf achten, dass das Gratin mit Tomatenscheiben und Schafskäse abgedeckt ist, darüber Gouda streuen.

3 Für den Guss Crème fraîche und Eier gut verquirlen, über das Kartoffel-Gemüse-Gratin gießen.

4 Im vorgeheizten Backofen bei 180 Grad (Ober- und Unterhitze) etwa 45 Minuten backen.

Ein Rezept von Familie Kuhn aus Kohlberg

ROTE-BETE-BLUMENKOHL-AUFLAUF

ZUTATEN

1 Blumenkohl
2 Rote Bete (gekocht und vakuumiert)
5 EL Olivenöl
1 Dose Kichererbsen (ca. 265 g)
Salz
Saft einer Zitrone
4 EL Tahin (Sesampaste)
Petersilie

1 Den Backofen auf 200 Grad vorheizen.

2 Den Blumenkohl klein schneiden und in eine große Auflaufform geben.

3 Die Rote Bete würfeln, ebenfalls in die Form geben. Olivenöl und Salz dazugeben und gut mischen. 20 Minuten im Ofen backen.

4 Die Kichererbsen und die Hälfte des Zitronensafts zum Gemüse geben und gut durchmischen. Weitere 30 Minuten backen.

5 In der Zwischenzeit Tahin, restlichen Zitronensaft, etwa 8 EL Wasser und etwas Salz in ein Schraubglas geben und durch Schütteln vermischen.

6 Die Petersilie hacken.

7 Die Sauce über den fertigen Auflauf gießen und mit Petersilie bestreuen. Dazu passt z. B. Naan-Brot (s. S. 45)

Ein Rezept von Familie Wendland aus Bochum

FENCHEL-GRÜNKERN-AUFLAUF

1 Eine Zwiebel würfeln und in 1 EL Butter in einem Topf glasig dünsten, Grünkern und Salz zufügen, mit der doppelten Menge heißem Wasser ca. 25 Minuten köcheln lassen.

2 Inzwischen Knoblauch und die zweite Zwiebel würfeln und in einem großen Topf in 1 EL Butter glasig dünsten.

3 Die Möhren in dünne Scheiben schneiden, zufügen und ca. 5 Minuten dünsten.

4 Den Fenchel würfeln (Fenchelgrün beiseitelegen) und zufügen, mit Salz und Cayennepfeffer würzen und weitere 5 Minuten dünsten.

5 Paprika und/oder Zucchini würfeln, zufügen und nur kurz mitdünsten.

6 Das Gemüse vom Herd nehmen, Grünkern, Eier und Petersilie untermischen und in eine Auflaufform füllen.

7 Den Käse reiben und den Auflauf damit bestreuen. Bei 180 Grad ca. 30 Minuten überbacken. Vor dem Servieren mit Fenchelgrün garnieren.

Ein Rezept von Familie Seidel aus Drebach

ZUTATEN

2 Zwiebeln
2 EL Butter
100 g Grünkern
Salz
2 Knoblauchzehen
200 g Möhren
500 g Fenchel
1 rote Paprika und/oder 1 Zucchini
Cayennepfeffer
2 Eier
Petersilie
150 g Hartkäse (z. B. Grana Padano)

OFEN-KARTOFFEL-GEMÜSE MIT DIP

ZUTATEN

1 kg Hokkaido- oder Butternutkürbis
1 kleine Steckrübe
500 g Rote Bete (frisch)
2 Zwiebeln
1 kg Kartoffeln
2 Knoblauchzehen
Thymian, Oregano, Rosmarin oder Kräuter der Provence (möglichst frisch)
1 EL Honig
Salz, Pfeffer
50 ml Olivenöl
400 g Schafskäse
1 Becher Schmand
150 g Naturjoghurt
1/2 unbehandelte Zitrone

1 Den Hokkaidokürbis waschen und halbieren, die Kerne entfernen. Wird ein Butternutkürbis verwendet, muss dieser geschält werden. Den Kürbis in mundgerechte Stücke schneiden.

2 Steckrübe und Rote Bete schälen und in gleich große Stücke schneiden.

3 Zwiebeln häuten und in Achtel schneiden.

4 Kartoffeln gründlich bürsten und in Spalten schneiden. Alles in eine große Schüssel geben.

5 Knoblauch und Kräuter hacken, mit Honig, Salz, Pfeffer und Olivenöl zu einer Marinade rühren. Marinade über das Gemüse geben und gut vermengen. Alles auf ein Backblech geben.

6 Den Schafskäse in Würfel schneiden und auf dem Blech verteilen. Bei 180 Grad (Umluft) 40 Minuten backen.

7 In der Zwischenzeit aus Schmand, Joghurt, Zitronenabrieb und -saft und etwas Salz einen Dip rühren, auch hier können gehackte Kräuter eingerührt werden.

Ein Rezept von Familie Fischer aus Hanau

Tipp: Man kann auch Möhren oder Sellerie in Stücke geschnitten dazugeben.

ZUTATEN

2 Zwiebeln
20 g Butter
500 g Karotten
1 Stange Lauch
600 g Brokkoli
2 Kohlrabi
1 Bund Petersilie
Salz, Pfeffer
etwa 12–14 Lasagneplatten (ohne Vorkochen)
125 g geriebener Käse oder Parmesan

Für die Béchamelsoße:
30 g Butter
30 g Mehl
1 l Milch
100 ml Sahne
Salz, Muskat
abgeriebene Zitronenschale

GEMÜSELASAGNE MIT BÉCHAMELSOSSE

1 Die Zwiebeln klein würfeln und in heißer Butter glasig dünsten.

2 Das Gemüse putzen, klein schneiden und etwa 10 Minuten mitdünsten. Mit klein geschnittener Petersilie, Salz und Pfeffer würzen.

3 Für die Béchamelsoße Butter erhitzen, Mehl einrühren. Milch und Sahne unter Rühren zugießen, aufkochen lassen und mit Salz, Muskat und Zitronenschale abschmecken.

4 Eine Auflaufform fetten, etwas Soße hineingeben und eine Schicht Lasagneplatten darüberlegen. Darauf einen Teil Gemüse schichten und mit einem Teil des Käses bestreuen. Mit etwas Soße begießen. Diesen Vorgang noch zweimal wiederholen.

5 Zum Schluss mit Soße bedecken und mit Käse bestreuen. Im vorgeheizten Backofen bei 180 Grad (Ober- und Unterhitze) etwa 45 Minuten backen.

Ein Rezept von Familie Kuhn aus Kohlberg

Tipp: Wer mag, kann den Auflauf vor dem Backen noch mit Pinienkernen bestreuen.

LASAGNE MIT RICOTTA UND BASILIKUM

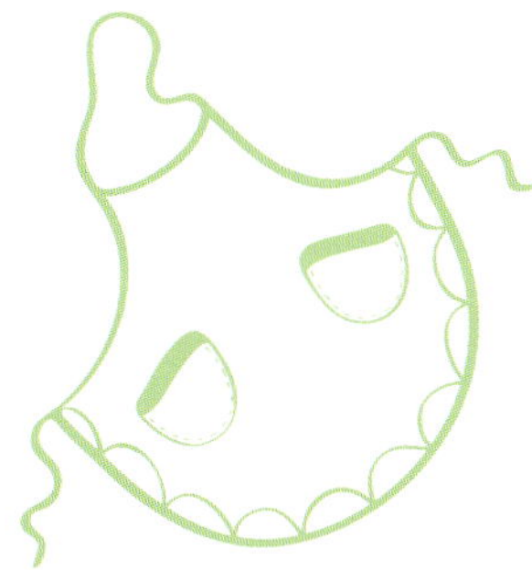

1 Für die Soße ein Drittel der Basilikumblätter grob hacken.

2 Die Zwiebeln und den Knoblauch fein hacken und in einem Topf in Olivenöl glasig andünsten.

3 Die Tomaten hinzufügen. Gehacktes Basilikum dazugeben, mit Salz, Pfeffer und einer Prise Zucker würzen und im offenen Topf ca. 20 Minuten einköcheln lassen.

4 Für die Füllung den Mozzarella zerkleinern, mit Ricotta und 4 EL Butter gründlich mit einer Gabel zerdrücken und vermengen und mit Salz und Pfeffer abschmecken.

5 Den Boden einer gebutterten, rechteckigen Auflaufform mit Lasagneplatten belegen, mit 1/3 der Tomatensoße bestreichen, mit reichlich Basilikumblättern belegen und vorsichtig mit der Hälfte der Käsemischung bedecken.

6 Mit Lasagneplatten belegen, mit dem zweiten Drittel der Soße, Basilikumblättchen und der restlichen Käsemasse bedecken. Die restlichen Lasagneplatten auflegen und den Rest der Soße darübergeben.

7 Mit Butterflöckchen belegen und bei 180 Grad (Umluft) etwa 25 Minuten backen.

Ein Rezept von Familie Fischer aus Hanau

Tipp: Die Lasagne kann man prima vorbereiten und im Kühlschrank lagern und kurz vor dem Essen frisch backen.

ZUTATEN

12–14 Lasagneplatten
Für die Soße:
1 großer Topf Basilikum
1 Zwiebel
2 Knoblauchzehen
Olivenöl
2 kleine Dosen gehackte Tomaten
Salz, Pfeffer, Zucker

Für die Füllung:
250 g Mozzarella
450 g Schafsricotta
(oder 350 g Frischkäse und 100 g zerdrückter Schafskäse)
4 EL Butter plus Butter zum Einfetten und für Butterflöckchen

HÜTTENKÄSEPASTETE

ZUTATEN

1 Packung Blätterteig aus dem Kühlregal (rechteckig für ein Blech)
1 große Zwiebel fein gehackt
2 Knoblauchzehen fein gehackt od. gepresst
3/4 Tasse Walnüsse
1/2 TL Salbei
2 EL Petersilie gehackt
1 Tasse Paniermehl
1 EL Olivenöl
300 g Hüttenkäse
3 Eier
1/2 TL Salz
Paprika, Pfeffer
Milch oder verquirltes Ei zum Bestreichen

1 Zwiebel, Knoblauch, Nüsse und Kräuter hacken, mit den anderen Zutaten (außer dem Blätterteig) in eine Schüssel geben und gut mischen.

2 Die Masse in den Blätterteig einpacken, mit etwas Ei oder Milch bestreichen. Bei 200 Grad in der Ofenmitte ca. 25–35 Minuten backen.

Ein Rezept von Familie Hertig aus Zullwil

ÜBERBACKENE LINSENBÄLLCHEN

1 Die Linsen in der doppelten Menge Wasser 15 Minuten garen. Im Wasser abkühlen lassen. In der Zwischenzeit Zwiebel und Knoblauch fein würfeln. Tomaten waschen.

2 Passierte Tomaten, Tomatenmark und Sahne verrühren, mit Salz, Pfeffer, Zucker, Paprika und Kräutern abschmecken.

3 Die Linsen (nicht abtropfen lassen) mit Zwiebeln, Knoblauch, Eiern, Semmelbröseln, Senf, Salz, Pfeffer und Kräutern zu einer Masse verrühren.
Kleine Bällchen formen und in eine große Auflaufform legen. Mit der Tomatensoße übergießen und mit dem Käse bestreuen.

4 Im vorgeheizten Ofen bei 200 Grad (Umluft 180 Grad) 20–30 Minuten garen.
In der Zwischenzeit Nudeln kochen und zu den Linsenbällchen servieren.

Ein Rezept von Familie Wendland aus Bochum

ZUTATEN

200 g Linsen
1 Zwiebel
1 Knoblauchzehe
250 g Kirschtomaten
700 ml passierte Tomaten
4 EL Tomatenmark
100 ml Sahne
Salz, Pfeffer
Zucker, Paprikapulver edelsüß
Kräuter der Provence
2 Eier
10 EL Semmelbrösel
2 EL Senf
200 g geriebener Käse
500 g Nudeln

ZUTATEN

200 g Bulgur
300 ml Gemüsebrühe
1 rote Paprika
2 Zwiebeln (alternativ:
1 Bund Frühlingszwiebeln)
150–200 g Mais
400 ml passierte Tomaten
Oregano, Majoran, Schnittlauch,
Salz, Pfeffer
100–150 g geriebener Käse

BULGUR-AUFLAUF

1 Den Backofen auf 180 Grad (Umluft) vorheizen.

2 Den Bulgur in einen Topf oder eine Schüssel geben, mit Gemüsebrühe auffüllen, umrühren. Zwiebeln und Paprika würfeln, mit dem Mais unter den Bulgur mischen.

3 Passierte Tomaten mit den Gewürzen mischen und abschmecken. Zwei Drittel der Tomaten und ein Drittel des Käses zu der Bulgurmischung geben und in eine gefettete Auflaufform füllen. Die restliche Tomatenmischung auf dem Auflauf verteilen. Den übrigen geriebenen Käse darüberstreuen.

4 Bei 180 Grad (Umluft) ca. 20 Minuten backen.

Ein Rezept von Familie Piehler aus Ulm

Tipps: Das Gemüse bleibt bei dieser Variante schön bissfest – wer das nicht mag, dünstet das Gemüse, bevor er es unter den Bulgur mischt. Lecker ist der Auflauf auch mit fein gehobeltem Fenchel oder gestiftelter Zucchini.

GNOCCHI-AUFLAUF

1 Öl in einer Pfanne erhitzen.

2 Zwiebel und Knoblauch klein hacken und kurz darin andünsten.

3 Die Tomaten und den Parmesan hinzugeben, und die Soße etwa 10 Minuten köcheln lassen.

4 Die Gnocchi nach Packungsanleitung zubereiten.

5 Die Soße mit Pfeffer und Salz abschmecken.

6 Nun die fertige Soße in eine Auflaufform gießen und die Gnocchi hinzugeben. Mit Mozzarella und Basilikum belegen.

7 Für 5 bis 10 Minuten bei 150 Grad im Backofen backen, bis der Mozzarella zerlaufen ist.

Ein Rezept von Familie Lachmann aus Leipzig

ZUTATEN

2 EL Öl
1 Zwiebel
1 Knoblauchzehe
2 Dosen stückige Tomaten (à 400 g)
Parmesan nach Belieben
2 Packungen Gnocchi aus dem Kühlregal
Salz, Pfeffer
1 Mozzarella-Kugel
Basilikum

ZUCCHINI-AUFLAUF

ZUTATEN

200 g Makkaroni
600 g Zucchini
400 g Tomaten
3 mittelgroße Zwiebeln
4 EL Olivenöl
150 g Emmentaler Käse
1 EL Kräuter (Basilikum und Rosmarin)
Salz, Pfeffer
2 Eier
100 g Sahne
1 EL gehackte Petersilie

1 Die Makkaroni nach Packungsanweisung kochen, anschließend abtropfen lassen.

2 Die Zucchini putzen und in Scheiben schneiden.

3 Die Tomaten über Kreuz einschneiden, mit kochendem Wasser überbrühen, häuten, vierteln, dabei die grünen Stielansätze wegschneiden.

4 Die Zwiebeln schälen, hacken und in Öl goldgelb anbraten. In eine feuerfeste Form schütten und mit dem Bratöl die Ränder der Form gut einreiben.

5 Die Zucchinischeiben auf die Zwiebeln legen und die Tomatenviertel dazwischen verteilen.

6 Den Käse reiben und die Hälfte davon gleichmäßig über dem Gemüse verteilen. Die Makkaroni darauflegen, mit den Kräutern, Salz und Pfeffer würzen.

7 Die Eier mit der Sahne, dem restlichen Käse und etwas Salz und Pfeffer verquirlen, über den Auflauf gießen. Im vorgeheizten Backofen bei 180 Grad garen, bis die Oberfläche gebräunt ist. Mit Petersilie bestreuen.

Ein Rezept von Familie Dörr aus Grebenau

TORTELLINI-PAPRIKA-AUFLAUF

ZUTATEN

4 EL Butter
3 EL Mehl
600 ml Gemüsebrühe
1 gelbe und 1 rote Paprikaschote
1 Dose Mais (ca. 330 g Abtropfgewicht)
800 g frische Tortellini mit Ricotta-Spinat-Füllung
150 g Schmand
4 EL Tomatenmark
Salz, Pfeffer, Petersilie, Zucker
100 g Gouda

1 Die Butter in einem Topf zerlassen. Das Mehl einstreuen und anschwitzen. Unter Rühren nach und nach die Brühe angießen und alles zu einer cremigen Sauce köcheln lassen. 5 Minuten bei schwacher Hitze weiter leicht köcheln lassen.

2 Den Backofen auf 200 Grad vorheizen.

3 Die Paprikaschoten in Würfel schneiden. Den Mais abtropfen lassen. Das Gemüse mit den Tortellini in der Form mischen.

4 Schmand und Tomatenmark mit der Sauce verrühren, mit Salz, Pfeffer, Zucker und gehackter Petersilie würzen und über Gemüse und Tortellini verteilen.

5 Den Gouda reiben und auf dem Auflauf verteilen. Etwa 25 Minuten backen.

Ein Rezept von Familie Wendland aus Bochum

SCHNELLER CHAMPIGNON-KUCHEN

1 Die Champignons putzen und in Scheiben schneiden.

2 Butter in einer Pfanne auslassen. Die Champignons so lange darin dünsten, bis die Flüssigkeit verdampft ist. Etwas abkühlen lassen.

3 Dann Schmand, Ei und geriebenen Parmesan unterrühren. Mit Pfeffer, Salz und Thymian würzen.

4 Den Blätterteigboden in eine gefettete Tarteform oder Springform geben.

5 Die Champignons gleichmäßig darauf verteilen.

6 Tomaten in Scheiben schneiden und auf die Champignons legen. Basilikum oder Petersilie darüber streuen.

7 Im vorgeheizten Backofen bei 180 Grad (Umluft) oder 200 Grad (Ober/Unterhitze) ca. 12–15 Minuten backen.

Ein Rezept von Familie Mann aus Sehmatal/Cranzahl

ZUTATEN

500 g Champignons
2 EL Butter
200 g Schmand
1 Ei
2 EL Parmesan (alternativ: 50 g geriebener Käse)
Salz, Pfeffer, Thymian
Fett für die Form
1 runder Blätterteigboden aus dem Kühlregal
100 g kleine Tomaten (Cocktailtomaten in Scheiben geschnitten)
Basilikum oder Petersilie

ZWIEBELKUCHEN ODER RAHMKUCHEN

1 Aus den Teigzutaten einen Hefeteig herstellen und an einem warmen Ort gehen lassen, bis sich das Volumen etwa verdoppelt hat.

2 Für den Zwiebelkuchen: Zwiebeln fein schneiden und mit dem Öl in einer Pfanne ca. 10–15 Minuten glasig dünsten, dann abkühlen lassen. Sahne steif schlagen. Quark, Eier, Salz, Mehl und Kümmel verrühren. Anschließend zuerst Zwiebeln und dann geschlagene Sahne unterheben.

3 Für den Rahmkuchen: Zwiebel und Schnittlauch klein schneiden. Anschließend alle Zutaten gut miteinander verrühren.

4 Eine Springform (28 cm) einfetten, den Teig auswellen und die Form damit auskleiden und einen Rand hochziehen. Die Masse (entweder für Zwiebelkuchen oder für Rahmkuchen) auf dem Hefeboden verteilen und beim Zwiebelkuchen noch Butterflöckchen daraufgeben.

5 Im vorgeheizten Backofen bei 160 Grad (Umluft) etwa 50–60 Minuten backen. Bei einer kleineren Springform verlängert sich die Backzeit.

Ein Rezept von Familie Kuhn aus Kohlberg

ZUTATEN

Für den Hefeteig:
250–300 g Mehl
1/4 Hefewürfel
1 Ei
1 gestrichener TL Salz
50 g Butter oder Margarine
125 ml Milch

Belag Zwiebelkuchen:
4–5 große Zwiebeln
1 EL Öl
200 ml Sahne
125 g Quark
4 Eier
2 leicht gehäufte TL Salz
2 EL Mehl
knapp 1 TL Kümmel
Butter zum Bestreuen

Belag Rahmkuchen:
1 Zwiebel
1 Bund Schnittlauch
300 g Sauerrahm
100 g Quark
1 Ei
1 EL Mehl
Salz, Pfeffer

ZUTATEN

500 g TK-Rahmspinat
200 g Vollkornmehl
1/2 TL Salz
100 g Butter oder Margarine
7 EL Wasser
100 g Pecorino oder Parmesan
1 Zwiebel
3 Eier
Salz, Pfeffer

SPINATQUICHE

1 Spinat auftauen.

2 Aus Mehl, Salz, Butter oder Margarine und Wasser einen Mürbeteig kneten und in den Kühlschrank stellen.

3 Eine Springform mit Backpapier auslegen oder einfetten.

4 Den Ofen auf 200 Grad vorheizen.

5 Käse reiben, Zwiebel würfeln.

6 Den Spinat mit Käse, Zwiebel und Eiern mischen, mit Salz und Pfeffer würzen.

7 Den Teig in der Springform ausrollen, sodass ein Rand entsteht, anschließend mit einer Gabel einstechen.

8 Spinatmasse auf den Teig geben und bei 200 Grad ca. 30 Minuten backen.

Ein Rezept von Familie Wendland aus Bochum
Tipps: Natürlich kann man auch frischen Spinat verwenden. Kurz andünsten und mit den weiteren Zutaten und 100 ml Sahne vermischen. Gut würzen! Statt Pecorino/Parmesan kann man auch Schafskäse verwenden.

SCHAFSKÄSE-ZUCCHINI-KUCHEN

1 Zutaten für den Hefeteig verkneten und den Teig etwa 30 Minuten gehen lassen.

2 Zwiebel würfeln und in Öl glasig dünsten.

3 Die Zucchini hobeln, zu den Zwiebeln in die Pfanne geben und kräftig würzen.

4 Schafskäse würfeln und unter das Gemüse heben.

5 Milch, Sahne und Eier verrühren.

6 Hefeteig ausrollen und den Boden und Rand einer Springform damit auslegen.

7 Gemüse in der Form verteilen und die Eiermasse darübergießen.

8 Im vorgeheizten Backofen bei 160 Grad (Umluft) etwa 50–60 Minuten backen.

Ein Rezept von Familie Kuhn aus Kohlberg

ZUTATEN

Für den Hefeteig:
250 g Mehl
1/2 TL Salz
2 EL Olivenöl
70 ml lauwarmes Wasser
70 ml lauwarme Milch
20 g Hefe

Für die Füllung:
1 Zwiebel
2 EL Olivenöl
800 g Zucchini
je 1 gestrichener TL Salz, Pfeffer, Rosmarin, Thymian
200 g Schafskäse

Für den Guss:
100 ml Milch
100 ml Sahne
3 Eier

ZUTATEN

500 g TK-Brokkoli
400 g Mehl
3/4 Päckchen Trockenhefe
Salz
1–2 Zwiebeln
200 g Schmand
2 EL Milch
100 g geriebener Käse oder Feta
Salz, Pfeffer

GROSSES BROKKOLI-BLECH

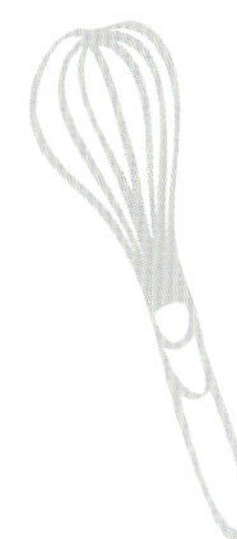

1 Brokkoli auftauen.

2 Das Mehl mit der Hefe mischen. 200–250 ml lauwarmes Wasser und 1 1/2 TL Salz zugeben und alles zu einem geschmeidigen Teig verkneten, zugedeckt an einem warmen Ort 1 Stunde gehen lassen.

3 Den aufgetauten Brokkoli klein schneiden.

4 Zwiebeln würfeln.

5 Brokkoli mit Schmand, Milch, Zwiebeln und Käse vermengen und würzen.

6 Den Hefeteig auf einem Blech auswellen und die Brokkolimischung auf dem Hefeteig verteilen. Bei 200 Grad 15–20 Minuten backen.

Ein Rezept von Familie Mann aus Sehmatal/Cranzahl
Tipp: Wir sind zu sechst, und wenn ich Pizza mache, dann bereite ich meist die doppelte oder dreifache Menge Teig zu. Ein Blech wird dann immer dieses Brokkoli-Blech. Dann haben wir zwei Tage später nochmal ein fertiges Essen und eine große Auswahl an verschiedenen Sorten.

SPANISCHE MAISFLADEN

1 Aus Mehl, Maismehl, Hefe, Salz, Öl und Wasser einen Hefeteig zubereiten und ca. 1 Stunde gehen lassen. Aus dem Teig etwa sechs kleine Fladen ausrollen (ca. 14 cm Durchmesser).

2 Mascarpone und Sauerrahm verrühren und mit Kräutern, Salz und Pfeffer abschmecken.

3 Die Fladen mit der Mascarpone-Masse bestreichen, z. B. mit Mais, Brechbohnen, Frühlingszwiebeln, Tomaten belegen.

4 Bei 180 Grad (Umluft) ca. 20 Minuten backen.

Ein Rezept von Familie Mann aus Sehmatal/Cranzahl
Tipp: Wenn Kinder lieber Tomatensoße, Paprika und Käse auf den Fladen haben wollen, bekommen sie dies.

ZUTATEN

250 g Mehl
100 g Maismehl
1 Päckchen Trockenhefe
Salz
2 EL Rapsöl
200 ml lauwarmes Wasser
100 g Mascarpone
3 EL Sauerrahm
Kräuter, Salz, Pfeffer
Zum Belegen z. B. Mais, Brechbohnen, Frühlingszwiebeln, Tomaten ...

FLADENBROTPIZZA

1 Das Fladenbrot vorsichtig aufschneiden. Die beiden Hälften erst mit Mascarpone, dann mit Tomatenmark bestreichen, nach Geschmack würzen.

2 Die Zwiebeln fein hacken, den Knoblauch pressen.

3 Paprika würfeln, Champignons und Tomaten in feine Scheiben schneiden, Emmentaler reiben, Mozzarella in Scheiben oder Würfel schneiden.

4 Die Fladenbrothälften mit dem Gemüse und dem Käse belegen.

5 Bei 150 bis 200 Grad etwa eine halbe Stunde backen.

Ein Rezept von Familie Ilyas aus Wilhelmsdorf
Tipp: Wer mag, kann die Pizza zusätzlich mit Oliven belegen.

ZUTATEN
(FÜR 2 PERSONEN)

1 Fladenbrot
250 g Mascarpone
1 Tube gewürztes Tomatenmark
Salz, Pfeffer, Oregano
1 Zwiebel
3 Knoblauchzehen
1 rote Paprika
250 g Champignons
3 Tomaten
Oliven
150 g Emmentaler oder 2 Kugeln Mozzarella

BELEGTE NAAN-FLADEN (VEGAN)

1 Mehl, 10 g Salz, Hefe und Schwarzkümmel mischen. Wasser und 60 g Joghurt unterrühren. Den Teig etwa 10 Minuten kneten. An einem warmen Ort zugedeckt 30 Minuten gehen lassen, bis er sich etwa verdoppelt hat.

2 Blumenkohl in kleine Stücke zerteilen, Süßkartoffel in 1 cm große Würfel schneiden.

3 Öl in einer Pfanne erhitzen, Blumenkohl und Süßkartoffel bei hoher Hitze etwa sechs Minuten rösten, dabei häufig umrühren.

4 Spinat, Erbsen und Kichererbsen unterrühren, Pfanne vom Herd nehmen.

5 Backofen mit zwei Backblechen auf 220 °C Umluft vorheizen.

6 Den Linsenaufstrich oder das Hummus mit dem restlichen Joghurt, 1 TL Salz und etwas Kreuzkümmel verrühren.

7 Den Teig in vier Portionen teilen und auf einer leicht bemehlten Arbeitsfläche zu dünnen, ovalen Fladen formen. Mit dem Aufstrich bestreichen und mit dem Gemüse belegen. Auf das vorgeheizte Backblech legen und 10–12 Minuten backen.

Ein Rezept von Familie Wendland aus Bochum

Alternative Belag-Ideen:

* Bratkartoffeln: Kartoffeln schälen, in Würfel oder Scheiben schneiden und in etwas Öl in einer Pfanne leicht anbraten. Anschließend Naan-Fladen mit Aufstrich und Kartoffeln belegen und backen.
* Tomaten (Foto): Die Fladen mit Tomatenmark bestreichen, mit Tomatenscheiben belegen und backen. Vor dem Servieren mit Rucola, Basilikum und (veganem) Feta bestreuen.

ZUTATEN

500 g Dinkelmehl Type 630
Salz
4 g Trockenhefe
2 TL Schwarzkümmel
250 ml lauwarmes Wasser
160 g Sojajoghurt
200 g Süßkartoffeln
200 g Blumenkohl
2 EL Öl
100 g frischer Spinat
100 g Erbsen (aus der Dose)
60 g Kichererbsen (aus der Dose)
150 g veganer Linsenaufstrich oder Hummus
Kreuzkümmel

ROTE BETE MIT MANDEL-FETA-KRUSTE

1 Backofen auf 200 Grad vorheizen.

2 Rote Bete und Gemüsezwiebel schälen und würfeln.

3 Äpfel entkernen und würfeln.

4 Rote Bete, Zwiebel und Äpfel in Butter anschwitzen. Honig dazugeben.

5 Gemüsebrühe angießen und bei kleiner Hitze zugedeckt 10 Minuten kochen. Mit Salz und Thymian abschmecken.

6 Mandeln in einer Pfanne ohne Öl rösten.

7 Schafskäse würfeln.

8 Das Gemüse in eine Auflaufform füllen, mit Mandeln und Schafskäse bestreuen und 10 Minuten überbacken. Mit Baguette oder Ofenkartoffeln servieren.

Ein Rezept von Familie Schulze aus Recklinghausen

ZUTATEN

800 g Rote Bete
1 Gemüsezwiebel
2 Äpfel
20 g Butter
2 EL Honig
150 ml Gemüsebrühe
Salz, Thymian
100 g Mandeln
100 g Schafskäse

CHAKALAKA – SÜDAFRIKANISCHES GEMÜSE-RELISH (VEGAN)

1 Paprikaschoten und Weißkohl in dünne lange Streifen schneiden.

2 Zwiebel fein würfeln. Knoblauch schälen und den mittleren grünen Teil herausnehmen, die Zehe dann ganz klein schneiden bzw. zerdrücken. Chilischoten längs halbieren und klein schneiden.

3 Möhren halbieren und in kleine Stifte oder dünne Scheiben schneiden.

4 Mit der Hälfte des Olivenöls den Knoblauch, die Zwiebeln und die Chilischoten in einer tiefen Pfanne mit Deckel oder einem großen flachen Topf anschwitzen.

5 Die Paprikastreifen hinzufügen und kurz garen lassen.

6 Nun die Möhren, Cayennepfeffer, Paprikapulver und den Rest des Olivenöls hinzufügen. Immer gut rühren, damit es nicht ansetzt.

7 Nach etwa 10 Minuten den Weißkohl unterheben. Diese Mischung weiter braten und regelmäßig umrühren. Wenn der Weißkohl bissfest gegart, aber nicht zu weich ist, die Bohnen hinzufügen und alles mit Salz und Pfeffer abschmecken. Wer es schärfer mag, kann mit Chiliflocken nachwürzen.

ZUTATEN

3 bunte Paprika
400 g Weißkohl (alternativ Spitzkohl oder Chinakohl)
1 Gemüsezwiebel
1 Knoblauchzehe
1 Chilischote
400 g Möhren
2 EL Olivenöl
1 EL Paprikapulver, edelsüß
Cayennepfeffer
1 Dose weiße Bohnen
500 g passierte Tomaten
Salz, Pfeffer
1 Prise Chiliflocken

Ein Rezept von Familie Fischer aus Hanau

Tipp: Chakalaka kann warm oder kalt gegessen werden. Es passt gut zu Reis, Fleischgerichten, Brot oder Polenta. Afrikanisch isst man es, wenn man etwas Polenta in die Hand nimmt, eine Kugel rollt und sie dann zu einer löffelförmigen Mulde drückt. Mit diesem „Löffel" geht dann jeder in den Chakalaka-Topf und schöpft sich von dem Gemüse.

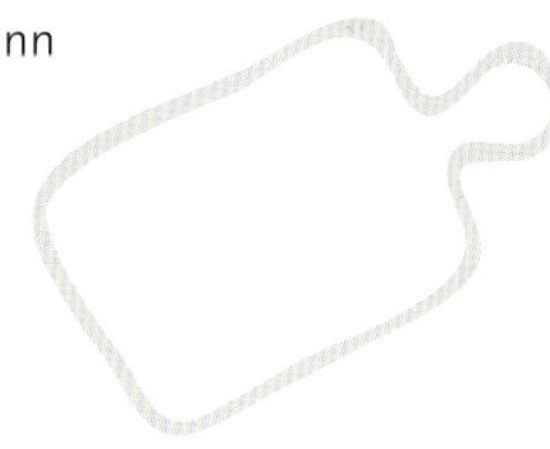

SCHWARZWURZEL-GRATIN

1 Die Schwarzwurzeln abtropfen lassen.

2 Sahne mit Salz, Pfeffer und Muskat würzen, etwas einkochen lassen.

3 Eine Auflaufform fetten, die Schwarzwurzeln einfüllen, mit Sahnesoße übergießen und mit dem Käse bestreuen. Bei 200 Grad ca. 15 Minuten überbacken.

ZUTATEN

800 g Schwarzwurzeln aus dem Glas
200 ml Sahne
Salz, Pfeffer, Muskat
200 g geriebener Käse
Fett für die Form

Ein Rezept von Familie Wendland aus Bochum

HONIG-BALSAMICO-ROSENKOHL

ZUTATEN

700 g Rosenkohl
1 Knoblauchzehe
1, 5 EL Honig
1 EL Olivenöl
50 ml Balsamico
Salz, Pfeffer

1 Den Backofen auf 180 Grad (Umluft) vorheizen.

2 Beim Rosenkohl jeweils den Strunk abschneiden und die obersten Blätter entfernen. Rosenkohl halbieren.

3 Knoblauch schälen und durch eine Knoblauchpresse drücken.

4 Mit allen anderen Zutaten vermengen und den Rosenkohl anschließend darin marinieren.

5 Ein Backblech mit Backpapier auslegen und den marinierten Rosenkohl darauf legen. Im Backofen für 20–30 Minuten goldbraun backen.

Ein Rezept von Familie Bürki aus Thun

ZUTATEN

750 g Brokkoli
6 EL Öl
2 EL Sojasauce
Salz, Pfeffer, Thymian

OFEN-BROKKOLI (VEGAN)

1 Den Brokkoli in Röschen teilen, den Stiel in kleine Stücke schneiden.

2 In einer Schüssel mit Öl, Sojasauce, Salz, Pfeffer und Thymian mischen.

3 Auf ein Blech geben und bei 200 Grad Umluft ca. 20 Minuten backen. Falls der Brokkoli zu dunkel wird, auf Ober-/Unterhitze umschalten.

Ein Rezept von Familie Wendland aus Bochum

Tipp: Mit dem Salz eher sparsam sein, die Sojasauce ist je nach Produkt meist schon recht salzig.

ZUTATEN

3 Eier
40 g Butter
70 g Rohrohrzucker
300 g Quark
1 Prise Salz
50–100 g Rosinen
4–5 Eierkuchen vom Vortag
ca. 100 ml Milch oder Sahne

EIERKUCHENAUFLAUF

1 Die Eier trennen. Butter mit Zucker und Eigelb schaumig rühren, Quark unterrühren, Rosinen und Salz unterheben. Eiweiß steif schlagen und unterheben.

2 Die Eierkuchen in eine Auflaufform schichten und dabei jeweils mit der Quarkmasse bestreichen.

3 Im Ofen ca. 15 Minuten anbacken, dann mit Milch oder Sahne übergießen und noch einmal ca. 10–15 Minuten überbacken.

Ein Rezept von Familie Mann aus Sehmatal/Cranzahl
Tipps: Mit Apfelmus oder Vanillesoße servieren. Statt Rosinen kann man auch Erdbeeren oder Himbeeren nehmen.

KIRSCH-QUARK-AUFLAUF MIT VANILLESOSSE

1 Gefrorene Kirschen an- oder fast auftauen lassen. Frische Kirschen waschen und entsteinen.

2 Die Eier trennen. Butter schaumig rühren, abwechselnd nach und nach den Zucker und das Eigelb unterrühren.

3 Den Quark in ein sauberes Küchentuch geben und gut ausdrücken, mit dem Grieß unter die Butter-Zucker-Eigelb-Mischung rühren.

4 Zitronenschale abreiben und Saft auspressen. Die Quarkmasse mit Zitronenschale und 1–2 EL Zitronensaft würzen.

5 Eiweiß mit einer Prise Salz sehr steif schlagen und unter die Quarkmasse heben. Zuletzt die Kirschen untermischen.

6 Eine flache Auflaufform mit Fett ausstreichen, die Quarkmasse hineinfüllen und glattstreichen. Den Auflauf im vorgeheizten Backofen bei 180 Grad (Ober- und Unterhitze) etwa 55 Minuten backen.

7 Für die Vanillesoße die Milch bis auf 4–5 EL zum Kochen bringen, von der Kochstelle nehmen. Restliche Milch mit den übrigen Zutaten anrühren, mit dem Schneebesen in die heiße Milch einrühren und unter ständigem Rühren einmal aufkochen lassen.

Ein Rezept von Familie Kuhn aus Kohlberg

ZUTATEN

Auflauf:
750 g Süß- oder Sauerkirschen (frisch oder gefroren)
6 Eier
100 g Butter
100 g Zucker
500 g Quark
100 g Grieß
1 Bio-Zitrone
1 Prise Salz

Vanillesoße:
500 ml Milch
1 Ei
1/2 EL Zucker
1 Pck. Vanillezucker
1 gehäufter EL Speisestärke

APFEL-QUARK-AUFLAUF

1 Den Backofen auf 180 Grad (Umluft) vorheizen.

2 Eier trennen und Eiweiß steif schlagen.

3 Butter, Zucker und Eigelb schaumig rühren. Grieß und Quark unter die Eigelbmischung rühren.

4 Äpfel in kleine Stücke schneiden oder raspeln (sie können, müssen aber nicht vorher geschält werden) und unterrühren.

5 Steif geschlagenes Eiweiß unterziehen.

6 Eine Auflaufform einfetten und mit Semmelbröseln ausstreuen. Die Quarkmasse einfüllen und ca. 30–40 Minuten backen.

Ein Rezept von Familie Piehler aus Ulm

Tipps: Dazu schmecken Vanillesoße und Zimtzucker. Lecker auch mit Birnen oder anderem Obst mit vergleichbarem Wassergehalt. Schmeckt kalt als Nachtisch.

ZUTATEN

3 Eier
50 g Butter oder Margarine
100 g Zucker
180 g Grieß
500 g Quark
750 g säuerliche Äpfel
Butter und Semmelbrösel für die Form

FRUCHTIGE KARTOFFELKNÖDEL

1 Kartoffeln am Vortag kochen, schälen, noch heiß durch die Kartoffelpresse drücken. Bis zur Weiterverarbeitung im Kühlschrank aufbewahren.

2 Am nächsten Tag Kartoffeln, Mehl, Backpulver, Eier und Salz zu einem glatten Teig verkneten. Diesen auf einer bemehlten Arbeitsfläche etwa 0,5 cm dick ausrollen, daraus ca. 10 cm große Quadrate schneiden.

3 Die Zwetschgen oder Aprikosen entsteinen, jeweils mit einem Stück Würfelzucker füllen.

4 Anschließend in die Mitte eines jeden Teigstückes eine Frucht legen, den Teig darüberschlagen und mit den Händen zu einer Kugel formen.

5 Die gefüllten Knödel in kochendes Salzwasser legen, bei schwacher Hitze ca. 15 Minuten ziehen lassen, bis sie an der Oberfläche schwimmen.

6 Semmelbrösel in heißer Butter goldgelb rösten, Zucker und Zimt dazugeben und darin die gegarten, abgetropften Knödel wälzen.

Ein Rezept von Familie Spohn aus Engstingen

Tipp: Die Knödel können auch mit gezuckerten Erdbeeren, Himbeeren oder Heidelbeeren gefüllt werden.

ZUTATEN

1 kg mehligkochende Kartoffeln
300 g Mehl
1 TL Backpulver
2 Eier
Salz
500 g Zwetschgen oder
750 g Aprikosen
Würfelzucker
100 g Butter
100 g Semmelbrösel
Zucker, Zimt

ARME-RITTER-AUFLAUF

1 Den Ofen auf 200 Grad (Unter- und Oberhitze) vorheizen.

2 Eier mit Milch und Zucker verrühren und in eine Auflaufform gießen.

3 Die Weißbrotscheiben in die Ei-Milch-Masse legen, evtl. kleinreißen, damit die ganze Form ausgelegt wird. Die Brotscheiben herunterdrücken, damit sie sich mit der Flüssigkeit vollsaugen. Wenn noch zu viel Flüssigkeit vorhanden ist, weiteres Brot hinzufügen, bis nur noch wenig Flüssigkeit zu sehen ist.

4 Die Butter in Flocken auf dem Auflauf verteilen. Auf mittlerer Schiene etwa 20 Minuten backen, bis der Auflauf aufgegangen und gebräunt ist.

ZUTATEN

ca. 12 Scheiben Weißbrot oder Toast
4 Eier
500 ml Milch
60 g Zucker
60 g Butter

Ein Rezept von Familie Schulze aus Recklinghausen

Tipp: Zu dem Auflauf schmecken Apfelmus, Ahorn- oder Blaubeersirup, Schokostreusel, Bananenscheiben, Zimtzucker, Himbeeren ...

QUARKLIESLE

1 Die Kartoffeln reiben, alle Zutaten hinzufügen und verrühren bzw. verkneten, sodass ein geschmeidiger, nicht allzu klebriger Teig entsteht (evtl. mehr Mehl hinzufügen).

2 Auf einer bemehlten Fläche aus dem Teig eine Rolle formen und in Scheiben schneiden.

3 Die Scheiben im Mehl breitklopfen und in einer Pfanne langsam von beiden Seiten in Öl goldgelb ausbacken.

Ein Rezept von Familie Mann aus Sehmatal/Cranzahl

Tipp: Dazu passen Zimt, Zucker und Apfelmus.

ZUTATEN

600 g Kartoffeln vom Vortag
50 g Zucker
1 Ei
Salz
350 g Quark
50 g Mehl
50 g Rosinen
Öl oder Backfett zum Ausbacken

HEIDELBEER-MILCHREIS AUS DEM OFEN

1 Alle Zutaten in eine Auflaufform geben und gut vermischen. Bei 180 Grad (Ober- und Unterhitze) etwa 1 Stunde backen.

2 Nach den ersten 15 Minuten einmal durchrühren, dann weiterbacken.

Ein Rezept von Familie Wendland aus Bochum
Tipps: Anstelle der Heidelbeeren kann man auch anderes Obst nehmen. Wer mag, kann einen Teil der Milch durch Sahne ersetzen. Der Milchreis schmeckt warm und kalt.

ZUTATEN

250 g Milchreis
1 l Milch
60 g Zucker
1 Pck. Vanillezucker
50 g gehackte Mandeln
ca. 200 g Heidelbeeren

ZUTATEN

700 ml Hafermilch
200 g Haferflocken
Zucker nach Geschmack
6–7 Blutorangen

VULKAN (VEGAN)

1 Hafermilch mit Haferflocken und Zucker in einem Topf zu einem dicken Brei kochen.

2 Auf tiefen Tellern den Brei zu Kreisen mit einem Loch in der Mitte verteilen – das ist der Vulkankrater.

3 Blutorangen auspressen (sollte etwa 1/2 l Saft ergeben) und in den Krater gießen, „bis der Vulkan ausbricht".

Ein Rezept von Familie Rhein aus Lörrach
Tipp: Mit normalem Orangensaft schmeckt es natürlich genauso gut, aber falls die Kinder auf „richtiger" Lava bestehen und es gerade keine Blutorangen gibt, kann man auch Kirschen aus dem Glas mit dem Saft verwenden.

LIEBLINGSREZEPTE, EIGENKREATIONEN, NEUENTDECKUNGEN …

REGISTER

ZUTATEN VON A BIS Z

APFEL

BROKKOLI

BLUMENKOHL

CHAMPIGNONS/PILZE

ERBSEN

FENCHEL

GETREIDE

KARTOFFELN

KICHERERBSEN

KÜRBIS

LINSEN

MAIS

MÖHREN

PAPRIKA

ROTE BETE

SCHAFSKÄSE

SCHWARZWURZELN

SPINAT

TOMATEN (FRISCH)

TOFU

WEISSE BOHNEN

WEISSKOHL

ZUCCHINI